DE MUUR

WIELERTIJDSCHRIFT VOOR
NEDERLAND EN VLAANDEREN

REDACTIE
John Kroon, Peter Ouwerkerk, Mart Smeets, Bert Wagendorp

EINDREDACTIE
John Kroon

VORMGEVING
Pankra

OMSLAGFOTO
Ilona Kamps

REDACTIE ADRES
De Muur
p/a Uitgeverij L.J. Veen
Postbus 13
1000 AA Amsterdam
020 - 524 9800

Het volgende nummer verschijnt maart 2012

© 2012 bij diverse auteurs

Alle rechten voorbehouden. Niets van deze uitgave mag worden vermenigvuldigd en of openbaar worden gemaakt door middel van druk, fotokopie of microfilm of op welke andere wijze dan ook, zonder voorafgaande schriftelijke toestemming van de uitgever. De foto's in dit boek zijn voor zover mogelijk opgenomen in overleg met de rechthebbenden; wie verder rechten kan doen gelden wordt verzocht contact op te nemen met de uitgever.

ISBN 978 90 204 1263 5   ISSN 1569-3090   NUR 324/480

ABONNEMENTEN
Wilt u nooit meer een nummer van *De Muur* missen, neem dan nu een jaarabonnement. Voor 37,50 euro krijgt u vier nummers per jaar thuisgestuurd. Voor opgave en informatie: SP Abonneeservice, Antwoordnummer 10542, 2400 WB Alphen aan den Rijn, tel. 0172 - 47 60 85

Van de redactie

Lezers,

De Muur landde een paar jaar geleden in Saigon. Toen de redacteur in kwestie besloot tot een royale opfrisbeurt had zijn kapper wielrennen op tv. Een etappekoers in het zuiden van de Mekong Delta, betwist door onherkenbare grootheden, die je zelfs in de eerste uren van een WK niet zou tegenkomen. De redacteur was het liefst in een volgwagen gesprongen, maar de finish was te ver, de vermoeidheid te groot en het reisdoel elders. Toch, wielrennen bestónd, ook hier.

Hein Verbruggen sprak, toen Lance Armstrong in 1993 in navolging van zijn landgenoot Greg LeMond wereldkampioen op de weg werd, dat de wielersport gebaat zou zijn bij mondialisering. Twintig jaar later spreekt het peloton spreekt Engels en is het de klok rond koers op álle continenten: van China tot Uruguay, van Zuid-Afrika tot Qatar.

Voor het winterthema ging *De Muur* op zoek naar verhalen in de verste uithoeken van Azië, Afrika, Zuid- en Midden-Amerika. Naar de specifieke kenmerken van de Ronde van Iran, naar een vroege Parijs-Roubaix op Java, naar de wielerstand van Colombia, naar een aangrijpende poging vanuit Eritrea, naar een geregisseerde feestrace op Curaçao.
    En naar de wielerbeleving in Oeganda. Wie wordt niet getroffen door de coverfoto van Ilona Kamps? Een voorproefje van meer koers in het '*Land of Beauty*'. Toen de organisatoren hoorden van de belangstelling van een Europese fotojournalist werd de ronde aan haar reisschema aangepast. Dan koersten ze toch gewoon een week eerder?

De wielersport bestaat al 120 jaar, maar is in sneltreinvaart bezig kleurrijker te worden.

John Kroon, Peter Ouwerkerk, Mart Smeets en Bert Wagendorp

Inhoud

Mart Smeets
DE TIENDE SYMFONIE VAN LEO VAN VLIET
Zo mot dat, in de Amstel Curaçao Race — 006

Wiep Idzenga
EVERY PICTURE TELLS A STORY (4)
WAAR HENNIE KUIPER WELEENS SCHIJTZIEK VAN WORDT
Misverstanden met Teun van Vliet in Milaan-Sanremo — 016

Jan Sonneveld
KIJK DIE NIEUWE KEVERS FIETSEN
Opkomst, ondergang en wederopstanding van het Colombiaanse wielrennen — 034

Willie Verhegghe
MET MODDER GESCHREVEN
Veldrijden als onderschatte diepvriestroost — 041

Nando Boers
NOG ÉÉN DAG BELGIË
Met Steven de Jongh in het Circuit Franco-Belge: 'We hebben een massasprint nodig' — 044

Marcel Rözer
TOEN DANIELS VADER ER EVEN NIET WAS
Een Eritrese wielrenner, tussen Ethiopië en Schiphol, tussen Amstelveen en Groningen — 048

Ilona Kamps
DE RONDE VAN OEGANDA
Fotografie in Afrika en het universele van plezier					058

Ruurd Edens
ONTSNAPPEN IN IRAN
In de Ronde van Azerbeidzjan, met Stefan Schumacher,
Mehdi Sohrabi, Davide Rebellin, Hossein Askari,
Björn Thurau en Ghader Mizbani. En met Martin Bruin		076

Thijs Kuipers
DE KAMPIOEN VAN JAVA
Wielrennen van Buitenzorg naar Bandoeng dankzij
Multatuli's achterneef						094

Marcel van Roosmalen
'WE MOGEN DUS WAT VERWACHTEN IN 2012'
Bij de presentatie van de Rabowielerploeg:
'Je kunt weer lopen!'						100

Nando Boers
BEROEP: WIELRENNER DEEL 4
MARIANNE VOS
'Had ik nou niet harder gekund daarnet?'				104

AUTEURSBIOGRAFIEËN						126

De tiende symfonie van Leo van Vliet

Mart Smeets

RECHT tegenover me zitten nette mannen. Veertigers, vijftigers ook, met mooie wielershirts aan. Het regent hard en ze zoeken bescherming. Ik lees: Van Eps, Kunneman, Van Doorne en ook: Klup di Siklismo Bellisima.

Mooie shirts.

De mannen praten wat en drinken een koffie, en Johnny Hoogerland schuift naast me op de bank. 'Dit geloof je toch niet, wat een k..weer', roept hij uit en wijst naar de regen. De regen zwaait terug, ongenadig hard en nat. Van koersen kan geen sprake zijn. Te gevaarlijk, zegt men. Zo schuilt, op deze zaterdagochtend, een heel peloton, terwijl het hier toch Curaçao is, land van de eeuwige 29 graden.

Buiten Hotel Lions Dive loopt De Sol, de linker- en rechterhand van wedstrijdleider en organisator Leo van Vliet. Hij zoekt iemand.

De Sol, Gerrit Solleveld voor de onwetenden, heeft haviksogen deze ochtend. Hij is overal, ziet alles en houdt zijn oren open. Van Vliet mag dan het stempel van *boss* dragen, De Sol zorgt ervoor dat alles gladjes verloopt.

'Waar is Leo?' roept iemand van de plaatselijke politie. 'Men wil twee uur uitstel.'

De Sol, afgemeten: 'Die zit ergens te lullen. Wat is d'r?'

Ik zoek een droge uitwijkplaats en vind die in een ruime kamer die als tijdelijk museumpje is ingericht. Tien jaar Amstel Curaçao Race wordt hier getoond in de vorm van foto's, shirts, krantenknipsels en verhalen die de rondscharrelende mensen er vertellen.

'Weet je nog dat Prins Albert hier was? Oscar Freire won die dag en die prins die drentelde maar om Leontien heen. Die was gewoon geweldig geil van 'r.'

'Ja, maar weet je nog hoe die prins werd aangekondigd?' zegt een ander.

Gniffelend kijken de mannen elkaar aan. 'Een groot applaus voor Prins Albert van Marokko', riep wielerspeaker Cees Maas. Ach wat... het werd toch wel gezellig die avond, luidt de mening van de mannen die bij alle uitvoeringen tot nu toe aanwezig zijn geweest. Een van hen pakt me bij de arm: 'Weet je dat Leontien die dag nog elfde werd? Dat nieuws bereikte Nederland ook nooit. Jullie van de NOS kwamen toch niet, jullie vonden dit waarschijnlijk te minderwaardig.'

Ik probeer de man, een zo te zien vrolijke Hollander die zegt al 26 jaar op het eiland te wonen en te werken, uit te leggen hoe het met de onderwerpkeuze bij die voor hem blijkbaar zo vermaledijde NOS gaat, maar hij zwaait mijn woorden weg: 'Waardeloos man, waardeloos die Nederlandse televisie, zout toch op. Ieder jaar zien we hier de Belgen terugkomen en die maken mooie programma's. Dit jaar is er zelfs een camerateam van Limburg, maar waar heb jij je mensen? Ga toch weg.'

Ik zwijg. Uitleg heeft geen zin. Moet ik een wildvreemde gaan vertellen dat een bepaald deel van de vaderlandse wielerpers zich inderdaad niet geroepen voelt iets over deze koers te berichten, een wedstrijdje dat natuurlijk ver in het dode seizoen valt, lang na Putte-Kapellen, ruim na Lombardije, op de dag dat het eerste NK schaatsen in Heerenveen wordt verreden?

Ik probeer het toch nog even, maar het heeft geen zin. Hij zegt: 'Ik vind het goed dat jij hier bent hoor, daar niet van, maar dit moet toch morgen in *Studio Sport*? Dat is jullie taak. Pu-blie-ke omroep, weet je wel. Veertien topprofessionals in een wedstrijd op Curaçao. Wat denk je wat er gebeurt als Ajax hier komt voetballen? Nou, wat denk je?'

Ik haal mijn schouders licht op. Wat kan ik zeggen?
In mijn rondgang heb ik twee handen vol collega's gezien; eerzame wielerjournalisten die half vakantie vieren en half werken, de verhalen liggen hier immers voor het oprapen.

Binnen het wereldje wordt deze grappige koers, die inderdaad sportief weinig voorstelt, afgedaan als een typisch speeltje van Van Vliet, de ex-prof die in Nederland bekendstaat als wedstrijdleider van de Amstel Gold Race en ook wel als een getruukte regelaar. En omdat *De Telegraaf* deze koers ruim op zijn pagina's uitsmeert, Telegraaf-journalist Raymond Kerckhoffs kind aan huis is op dit eiland en deze dagen alomtegenwoordig is, laat een groot deel van de wielerpers hier volgaarne verstek gaan onder het mom: het is een Telegraaf-koers en het stelt eigenlijk ook geen ene moer voor. Vriendschappelijk fietsen en met dolfijnen zwemmen, leuke foto's, hartelijk dank, maar neen dus.

De vakbroeders die er wel zijn, veelal gekleed in kniebroek en op teenslippers, leggen makkelijk contacten met de profs die hier tijd voor iedereen en alles hebben. De Schleck-brothers doen een heuse vraag- en antwoordsessie, Peter Sagan vertelt wie hij is, Jelle Vanendert moet nog eens van die ene godgelukkige dag in de bergen vertellen en Marcel Kittel blijkt een goed pratende, blonde reus met een voortdurend gelukzalig kijkende vriendin te zijn.
En kijk, daar zit Rob Ruijgh met zijn zoontje in het zand te spelen en hé, is dat Wout Poels niet? Zwembroeken maken de man, zie ik.

Het klaart op. Ik onderschep een telefoongesprek met mensen aan de andere kant van het eiland; het water loopt daar nog over straat. Iemand roept: 'Geef ons nog een half uurtje', en dan zegt een ander: 'We kunnen starten, het is hier droog, op de Westpunt dondert het nog.' De Sol knikt. Begrepen. Het spel wordt in gang getrokken.

Tegen enen worden mensen licht nerveus. Er kan nu echt gestart worden, roept iemand, maar het twijfelpunt is de passage van de grote Julianabrug. Het waait daar nog flink en de weg is er kletsnat. Dan is er korte paniek: de auto van Johan van der Velde staat met een lekke band. Hoe moet dat nu?
De Sol wrijft over zijn kin: 'Wegzetten en bij iemand anders gaan zitten.'

Iemand blaast op een fluit, een internationaal teken voor attentie.

Ik ga in de grote SUV zitten die klaarstaat, en wacht af. Op de deelnemerslijst van meer dan 220 mensen die ingetekend hebben, kom ik namen tegen uit Montevideo, Miami, Washington, Venezuela, Brazilië en Canada. Er zijn veel Nederlanders, wat Belgen en vooral mensen van de eilanden rondom Curaçao; fietsers, liefhebbers.

De volgende avond zal een habitué van de koers me, met het glas in de hand, vertellen dat 'er ooit een gozer van Jamaica meereed, die de profs er niet af konden krijgen'.

Ik: 'En toen?'

De man, een gezellige drinkebroer en Westlander van in de zestig: 'Nou, toen heb Leo de flappen moeten trekken, dat begrijp ie toch wel.'

Ik: 'Nee…'

De man: 'Die Jamaicaan mocht natuurlijk nooit winnen.'

Ik: 'Wie won er wel?'

De man: 'Nou, Boogie natuurlijk. Maar het heb wat centen gekost.'

Ik bied hem een glas aan, hij accepteert en drinkt snel door. Dan lacht hij en zegt: 'Ik denk dat Leo dat hele verhaal zelf verzonnen heb. Om het allemaal nog mooier te maken. Je kent Leo toch!'

Ik knik: inderdaad.

Leo van Vliet zit buiten het raam van zijn voort brommende monstertruck die nu door de eerste straten van Willemstad rijdt. Hij lacht, zwaait naar de mensen en heeft zichtbaar plezier. Dit is zijn moment. Achter zijn auto rijden de deelnemers. Het is een merkwaardig startveld. Profs, leden van De Appeltaarters, stewardessen van 'KLM wings of support', de bekende wetenschapper en auteur Gerard Sierksma (die trots als 84ste zal eindigen), eilandbewoners. En ik herken ook twee goed fietsende vrouwen, Chantal Blaak en Lucinda Brand. Wat doen die hier?

De dames moeten er op het laatste moment af als de schifting al meteen wordt doorgevoerd. Van Vliet zet eerst het hele peloton, nadat het over de wereldberoemde Pontjesbrug is gereden, even stil bij de waterzuiveringfabriek.

Het is voor het eerst in de geschiedenis van de koers dat die ouwe, origineel naar Koningin Emma vernoemde brug genomen werd. Ooit mochten alleen mensen die geen schoenen droegen er gratis overheen, nu fietsen meer dan tweehonderd, veelal met dure wielerschoenen uitgeruste enthousiastelingen erover. Verbaasde toeristen kijken hun ogen uit. Iemand roept naast ons: 'Kijk, Robert Gesink.'

Op de Piscaderaweg besluit Fränk Schleck dat het feest nu wel voorbij is. Genoeg folklore, hij schakelt bruut naar de twaalf. In de Rector Zwijsenstraat rijden negentien mannen voorop, enkele durfals willen, met lichte zijwind, uit het peloton oversteken (ik denk de lady's van AA Drink te zien), maar niemand komt zo ver; de koers is gedaan na precies drie kilometer, misschien nog wel minder.

'Rust', zegt De Sol.

Na ruim twintig kilometer koers laat Fränk Schleck zich tot naast onze auto terugzakken en vraagt me het raampje te openen.

Hij verordonneert met scherpe stem: *'My brother flattened... wait and get him back here.'*

De Sol kijkt in zijn achteruitkijkspiegel en glimlacht: het oude wielrennen drijft even boven. Tien minuten later rijdt de puffende en licht boze Andy Schleck op dertig meter van de kopgroep van dat moment. 'De rest mot ie zelf kennen', zegt De Sol droog en we proberen de onbekenden in de kopgroep te herkennen.

Er rijden twee goede Belgische kermiscoureurs mee, door mijn Vlaamse confrater Renaat Schotte direct herkend als Clauwaert en Neirinck.

Natuurlijk.

Voornamen graag.

Joeri en Stijn.

Schotte werkt hier voor de VRT en doet gastcommentaar voor een overenthousiast radiostation van het eiland. Hij is, zoals altijd, bloedserieus en komt om de tien minuten in de uitzending. Geamuseerd luister ik mee. De Vlaming zit achter me in de auto en ik hoor hem ook via de radio bij mijn linkerknie. Hij heeft het over een moordend tempo.

Als we bij Westpunt keren, kan ik het niet laten en bel de redactie van *Langs de Lijn*. Binnen drie minuten hang ik in de uitzending; presentator Ronald Boot vraagt of de mensen van het eiland met zijn allen naar de koers zijn komen kijken.

Nee. In het geheel niet. De negentien rijden voort met ruisende wind en soms een regendruppel als toeschouwers. Soms kijkt iemand, leunend, zittend, hangend, vanuit een huis of een bank aan de kant van de weg verveeld toe en heel soms passeren we Nederlanders die uitbundig staan te zwaaien. Sommigen met vlaggen. Hup Rabobank, klinkt het.

Na 35 kilometer draait, vlak voor de kopgroep, een gammele auto het parkoers op. De bestuurder heeft geen zin om mee te doen met deze feodale tentoonstelling. Eerder in de week moest hij al aan de kant voor Beatrix en nu ook nog voor een groepje witte hardfietsers. Nee dus, hij rijdt waar hij wil en geeft flink gas. Totdat een motoragent zijn brulmachine even naast de betreffende auto plaatst. De agent schreeuwt iets, grijpt naar zijn heup en wijst dwingend. De auto schiet ineens en bruut het talud op: de man heeft het begrepen.

'Zo mot dat', knikt De Sol naast me.
Schotte meldt jubelend de inhoud van de zesmanskopgroep. Beide Schlecks ontbreken en Johan Vansummeren trekt eropuit met Rob Ruijgh in zijn wiel, Marc de Maar volgt op dertig meter, daarachter komen nog zeven renners. Pim Ligthart lost langzaam. Hij lacht ons van afstand toe: ach, laat maar.

In de tweede kopgroep rijden twee jongens van het eiland opvallend makkelijk mee. Ik zoek hun namen op en schrijf: Wilfred Camelia en Gyan Sulvaran. Sol zegt dat hij denkt dat de laatste een goede renner kan worden. 'Die pieren ze er hier niet af', bromt hij.

Dan wijst hij me ineens op een huis dat ver weg, hoog, bovenop een heuvel, in de waterige zon ligt te blinken. 'Daar woont Barry Hay. Niet slecht toch.'

Gesprek gesloten. *Back home.*

Alsof het een bloedserieuze koers betreft laten we ons direct achter de koplopers afzakken; het verschil is al meer dan een minuut en Vansummeren trekt flink door. We houden nog even in en zien, in de achterhoede, een man in een rood-wit-blauw shirt een dappere sprong maken. We weten niet goed wie Frans van Winden is, anders dan dat hij een uitstekende skeeler heet te zijn, en zien dat hij hier de profs met gemak bijhoudt.

Naast me zegt De Sol: 'Die heb, geloof ik, laatst nog in Honselersdijk gewonnen.' Ik neem het voor waar aan en zie dat Van Winden zich inmiddels ontdaan heeft van beide Schlecks en dat Sagan als een dood vogeltje in zijn wiel hangt.

Dan hoor ik de monsterlijk mooie verhalen over Peter Sagan en zijn broer Jurai, die hier op het eiland zijn neergestreken om eens flink te gaan feesten. Ze doen dat met meegereisde vrienden en op authentiek Sloveense manier. Als hun strandtafeltjes in de late ochtend vol staan met lege bierflesjes, volgt de eerste, broodnodige siësta. De mannen openen immers iedere ochtend, als een soort tandenpoetsen, met een volle bel cognac en gaan door totdat er geen licht meer is. Iedereen is hun vriend, het leven op Curaçao is mooi en wat nou Nibali en Basso: *bring us some Amstel Brights man!*

'Nou mot je opletten', zegt De Sol bedachtzaam.

De supersonische tank van Van Vliet, volgehangen met mooi kroost en vrienden, komt langs geblazen en posteert zich naast de twee koplopers.

Ik zie dat Vansummeren gesticuleert. Ruijgh hoort eerst de woorden van Van Vliet aan en schudt vervolgens heftig met zijn hoofd. Krijg de kolere, kan je bijna lezen en horen.

Ik begrijp hun bezwaren van afstand. De Sol lacht voorzichtig, maar Schotte zegt er in zijn volgende flash niets over. Ruijgh roept wat tegen Van Vliet en stuurt dan weg, hij is boos. Heel opvallend: hij zal niet in de einduitslag voorkomen. Vansummeren praat door met de man naast hem in de wagen: hij rijdt hier aan de leiding, als er anderen moeten winnen, moeten die maar harder gaan rijden en hem komen halen. Zo ongeveer interpreteer ik zijn bewegingen en de boze stand van de schouders. We passeren Ruijgh, die vloekt en een wegwerpgebaar maakt: godverdomme, ik draai mijn kloten er toch niet voor niets af.

Ik wijs naar de wagen voor ons: *His Masters Voice.*

Hij knikt.

De Sol knikt ook. Zo zit het, maar er zit nog een vervelende angel in de wedstrijd. En daar is nog even geen oplossing voor gevonden.

Er komt een sterk kwartiertje van Marc de Maar. Hij scheurt het gat dicht, meldt zich makkelijk aan de kop, maar ik zie de bewegingen achter ons al komen. Van Vliet kijkt als een generaal rond: wie komen daar aan? Moet er geholpen worden? Hij wijst, roept iets naar Vanendert en Steven Kruijswijk en dan naar De Maar.

De Sol kijkt in zijn spiegel, zegt slechts: 'Hij heb de beste benen' en knikt naar De Maar, die langs onze wagen peert en door de boter trapt.

Logisch, bedenk ik: net terug van de Pan-Amerikaanse Spelen waar hij de wegwedstrijd won, vóór alle goede Colombianen. Hij is hier nog steeds goed en kan makkelijk gaan winnen. Wie moet hem terugpakken als hij wegrijdt?

Binnen drie kilometer wordt de puzzel eerst afgebroken en dan weer in elkaar gelegd. Hoe goed De Maar ook rijdt, hij mag niet in de kleine kopgroep postvatten. Hoe Andy Schleck als een halfdode vogel nog wel in die positie uitkomt, is me een raadsel. Pijnlijk gelost al voor de Julianabrug en kansloos, wordt hij in een (ik overdrijf hier slechts licht) ziedende finale naar de kop van de koers gereden. Deurklink-special, heet dat. Daar krijgt een mens een lange arm van.

De Sol laat de motor van zijn truc brullen in de laatste kilometer, zet het ding op de parkeerplaats stil, stapt uit, kijkt naar de finishstraat en zegt: 'Kittel.'

Meer is niet nodig.

De prijsuitreiking van die avond verregent helemaal. Doornat staan vele deelnemers te schuilen. Dan maar een biertje of zwaarder spul, maar de plenzende regen verpest de sfeer grondig.

Een avond later is er wel (gaaf) vuurwerk en krijgt Van Vliet dankwoorden. Hij doet het nu voor de tiende maal en daar is de plaatselijke VVV hem dankbaar voor. Leo heeft eerder die avond nog verteld dat hij vijf jaar geleden ook gehuldigd werd. Toen voor, zoals hij zei, 'het vijfde lustrum'.

Dat sommige prijswinnaars al in de KLM richting Amsterdam zitten, mag de pret niet drukken. Men klapt, drinkt en viert feest. Op Mambo Beach is men niet anders gewend en zo kom ik, bij groot toeval, weer tegenover mijn vriend van een dag eerder te staan; de man die zo heerlijk zout in mijn NOS-wond strooide.

'Zo Smeets', zegt hij en nipt ietwat nuffig aan zijn rode wijn.

Ik knik en ben iets op mijn hoede.

'Weet jij ook waarom die Kittel hier gisteren moest winnen?'

Ik kijk de man aan, want ik denk dat ik dat weet.

Als ik zeg: 'Omdat hij verreweg de beste sprinter is', gelooft 96 procent van de mensen dat, is mijn inschatting, maar deze vent ook?

Ik knik nogmaals en zeg: 'Ik denk van wel.'

Hij maakt een beweging van: kom maar op met je antwoord.

'Economische motieven kunnen soms ook meespelen', zeg ik, licht cryptisch.

De man stuurt een zwakke glimlach mijn kant op. Touché.

'Jazeker Smeets, goed nagedacht. Volgende week begint Air Ber-

"In 2011 organiseerden we mooie evenementen. In 2012 gaan we een stapje verder, ben jij er bij?"

THE ROAD TO

Het voorbereidingstraject op de Gran Fondo Eddy Merckx of jouw eigen Challenge bestaat uit:

KICK-OFF
4 feb, start van 'The Road To'
Thema: Fietspositie

PROF CLINIC MTB
7 apr, met Thijs Al
Thema: Voeding

TRAININGSKAMP ALGARVE
13/19 feb, trainen met verblijf
in een hotel tussen de profs

PROF CLINIC KLIMMEN&DALEN
5 mei, met Pim Ligthart
Thema: Ademhaling

PROF CLINIC BAAN
4 mrt, met Peter Schep
Thema: Training

GRAN FONDO EDDY MERCKX
16/17 jun, Road Challenge 2012
Thema: Fietsonderhoud

ROAD CAFÉ

In het Road Café genieten we van de koers of spreken we af om op reis te gaan. Op het programma staan onder andere:

SUPPORTERSAVOND PIM LIGTHART
6 jan, Zesdaagse Ahoy - Rotterdam

'VLAANDEREN'
1 apr, Ekko - Utrecht

CINEMA HETISKOERS.NL
10 feb, Cinema Corsa - Amsterdam

GIRO DI CAFFÈ
mei, De Eenhoorn - Kampen

'HET VOLK'
25 feb, Café de Bok - Enkhuizen

IL LOMBARDIA
28 sep - 01 okt, Lombardije - Italië

blueOnbike.nl/blueonroad   road@blueonbike.nl   020 893 2362 lin een wekelijkse vlucht op Curaçao. Daarom was het wel zo prettig als deze Duitser zou winnen. Ik neem aan dat u ook zoiets zou hebben gezegd als u een uitzending hier vandaan had moeten verzorgen. Maar de NOS wil hier niet...'

Dan kom Leo van Vliet ineens langs. Hij is blij, het is weer allemaal goed gegaan en hij straalt. De belerende landgenoot naast me blijkt nu even minder scherp en slijmt: 'Goed georganiseerd Leo.' Hij legt zijn hand op de schouder van de wedstrijdleider.
'Het was toch goed zo?' vraagt Van Vliet en ik knik hem toe: 'Ik heb veel geleerd vandaag.'

In mijn ooghoek zie ik de Schlecks Mambo Beach uitsluipen; ze gaan, met hun dames, eten, elders in de stad. Mooie hemden aan. Aan een verre tafel viert het gezelschap-Sagan luidruchtig feest. De glazen knetteren door de nacht, er wordt gelachen, geschreeuwd en gezongen. Winnaar Kittel kust zijn vrouw lang en vochtig. Ze kirt zich langs zijn dij omhoog en laat haar handen snel gaan. Hij streelt terug. Winnaars hebben altijd gelijk. Ook op dit eiland.

Tien meter van me vandaan staat De Sol. Hij heeft een biertje in de hand. Hij knikt me toe: alles onder controle. Hij lacht en heeft een ellendig bruine kop.

Every picture tells a story (4)
Waar Hennie Kuiper weleens schijtziek van wordt

Wiep Idzenga

Hennie Kuiper krabbelde overeind en raapte zijn Rossin Ghibli van het wegdek. Daar stond hij dan, niet ver van Albenga, een kustplaats aan de Golf van Genua, met twee kromme wielen, en in de verte verdween het peloton. Nog even en dan zouden ook de achtervolgende renners die net daarvoor nog naast hem op het asfalt hadden gelegen, niet meer te zien zijn.

Het was een lullige valpartij geweest. Bij de tweede bevoorrading van de dag was het dringen geblazen, en de ervaren Kuiper – 36 inmiddels – had besloten uit voorzorg zijn riempjes los te maken. Precies op tijd, want vijfhonderd meter verder kwakte er net voor hem een heel pak renners tegen de stenen. Kuiper remde bijtijds, zette rustig zijn voet aan de grond, stond even stil en werd toen alsnog aangereden door Wladimiro Panizza.

Goddorie, die nerveuze Italianen ook altijd. Die ochtend was er in Milaan – nog voor de start – ook al een stel renners gevallen. Ze waren van de stress blijven steken in de tramrails en domweg omgekukeld. Wat een spanning hing er in de lucht. Natuurlijk, het was in de laars van Europa dé zaterdag in maart, de officiële opening van het wielerseizoen – de Omloop Het Volk van de Belgen was maar kinderspel – en met een zege in de bedevaart naar de bloemenkust kon elke Italiaan zich vandaag in één klap onsterfelijk maken.

Milaan-Sanremo telde, ook in 1985, bijna driehonderd kilometer en er waren er nog ruim zestig te rijden. Elke renner wist dat het op deze lentedag traditioneel een kwestie van wachten was, wachten tot de Poggio in zicht kwam. Dat hadden ze wel geleerd van

Eddy Merckx, de zevenvoudig winnaar, en alle anderen die daar, op slechts enkele kilometers voor de finish, traditiegetrouw hun slag hadden geslagen.

Hennie Kuiper wist dat in elk geval wel. Hij had het er gisteren nog uitgebreid over gehad met Roger De Vlaeminck, winnaar in 1973, 1978 en 1979 en nu pr-man bij Kuipers nieuwe ploeg Verandalux – voor al uw veranda's en pergola's.

Ploegmakker Teun van Vliet, die al een half jaartje langer voor de bescheiden formatie van Roger Swerts reed, had geen weet van de valpartij waar Kuiper bij betrokken was en keek voorin het peloton eens rustig om zich heen. Daar reden Phil Anderson, Sean Kelly en, iets verderop, Eric Vanderaerden en Moreno Argentin. Grote namen waren het, maar Van Vliet – 22 en nog geen jaar prof – was niet onder de indruk. Ik kan ze allemaal hebben, dacht hij, en dat durfde hij ook best te zeggen met een microfoon onder zijn snufferd. Nee, onzeker en verlegen kon je hem niet noemen, de zoon van een transportondernemer uit Maasland. Hij had aanbiedingen van de twee Nederlandse topploegen Panasonic en Kwantum naast zich neergelegd, omdat hij geen zin had zich te schikken.

Teun van Vliet zag niks in een langzame weg naar de top. Hij wilde het hier en nu en had lak aan reputaties en hiërarchie. Als hij vond dat zijn oudere ploeggenoten bij Verandalux hun werk niet goed deden, dan vloekte hij ze gewoon stijf. En al binnen een paar maanden als prof had Van Vliet enig recht van spreken na een derde plaats in de Ronde van Piemonte, een dag leider in de Ronde van België én een derde plaats achter Bernard Hinault en Ludo Peeters in de Ronde van Lombardije. Door die successen durfde Johan Dries, de eigenaar van Verandalux, het wel aan flink in de bus te blazen en de broers Adri en Jan van Houwelingen én Hennie Kuiper te contracteren.

Het duurde lang voordat Hennie Kuiper weer op zijn fiets zat. Mecanicien Jos Verschuren had hem in het tumult over het hoofd gezien en was met twee nieuwe wielen naar Jan Bogaert gerend, Kuipers Belgische ploegmaat die iets verderop stond. 'En ik dan, Sjokke', had de olympisch en wereldkampioen uiteindelijk geroepen. Kuiper had niet in z'n handen staan klappen, zoals twee jaar daarvoor als eenzame koploper in Parijs-Roubaix, toen hij gegijzeld werd door een kapot achterwiel. Maar enige spanning was er wel in zijn lijf geslopen: ook alle auto's van de 32 deelnemende ploegen en die van de officials waren allang gepasseerd en uit het zicht verdwenen, toen Kuiper eindelijk twee andere wielen had.

Er was die dag al een heel bataljon renners afgestapt en ook na deze valpartij gaven veel coureurs er de brui aan. Maar Kuiper niet. Ondanks de enorme achterstand op het uitgedunde peloton wilde hij van geen opgeven weten. Normaal al niet, maar zeker niet op een dag als vandaag waarop hij zich zo vreselijk sterk voelde. Hij greep zijn fiets, liet zich door Verschuren op gang duwen en zette de achtervolging in. Het verdiende niet de schoonheidsprijs zoals Kuiper reed – volgens Fedor den Hertog zat Kuipertje 'als een drol' op zijn fiets – maar hard ging het wel.

Al de hele dag was Kuiper blij verrast door de macht in zijn benen. 'Ik ga een korte prijs rijden', had hij zelfs, geheel tegen zijn ingetogen aard in, onderweg tegen een mecanicien geroepen. Hij had zich weliswaar goed voorbereid op de langste klassieker, maar het was altijd maar afwachten hoe zoiets op de dag van de wedstrijd zou uitpakken. Of het inderdaad verstandig was geweest om de Tirreno-Adriatico uit te rijden, die drie dagen geleden was geëindigd. Of dat het met het oog op Milaan-Sanremo beter was geweest om het voorbeeld van Moreno Argentin, Beppe Saronni en nog een heel pak renners te volgen, en ook af te stappen.

Het was namelijk beestenweer geweest in de rittenkoers van de Tyrreense naar de Adriatische Zee, dwars door het heuvelachtige landschap van centraal Italië. Met hoeveel lagen wol en plastic de renners hun lijven ook omwikkelden, tegen de regen, ijzel, hagel, sneeuwstormen en de extreme kou had het bitter weinig geholpen. Hennie Kuiper had voortdurend moeten lossen op de klimmetjes, maar steeds vocht hij zich terug. Om extra kracht op te bouwen had hij in de afsluitende rit zelfs constant het zwaarste verzet rondgetrapt, 'de benen kapotrijden' noemde Kuiper dat. Met het oog op Milaan-Sanremo, 'D-day', had hij zichzelf veel pijn gedaan. Doodop en steenkoud was hij na afloop met koerskleren en al meteen onder de warme douche gestapt.

De twee dagen die volgden, bracht Kuiper voornamelijk in bed door. 'Motte gij niet trainen?' vroeg ploegleider Swerts steeds. Rust roest, vond de Belg, maar Kuiper was niet te vermurwen. Hij was al ruim dertien jaar prof, hij wist verdomd goed wat hij deed. Kuiper was klaar voor Milaan-Sanremo. Met Luik-Bastenaken-Luik was dat de klassieker van de Grote Vijf die hij nog niet had gewonnen. Maar ook nooit zóu winnen volgens de kenners. De Italiaanse wielerjournalisten wisten zeker dat een landgenoot zou zegevieren: als

Francesco Moser of Beppe Saronni niet won, dan werd het Guido Bontempi. Voor alle anderen was Eric Vanderaerden van de ploeg-Post de topfavoriet. Men was het er in elk geval wel over eens dat de Primavera absoluut geen koers was voor een renner als Kuiper, een stoemper, een kasseienvreter en een doordouwer.

Kuiper zelf schatte zijn kansen wat hoger in, zeker toen hij op de ochtend van Milaan-Sanremo de gordijnen opzij had geschoven en zag dat de weersomstandigheden nog altijd barbaars waren. De Primavera werd een romantische koers genoemd, een koers vol dromen, en verlangen naar de zomer, naar slenteren langs de blauwe Middellandse Zee, vrijen op het strand en ijsjes eten bij de oude fontein op de Via Roma, maar van dat alles was zaterdag 16 maart 1985 geen sprake. Het was bitterkoud, de regen viel met bakken uit de hemel en het stormde. Als de harde wind niet van richting zou veranderen, dan hadden de renners hem de hele dag vol op de kop. De flyers, die traditiegetrouw in Milaan-Sanremo de meeste kans maakten, gingen het vandaag extra zwaar krijgen.

Kuiper glimlachte toen hij dacht aan al die renners die op hetzelfde moment waarschijnlijk zwaar gedemotiveerd door hun hotelkamerraam naar de lucht stonden te staren. Het kon wel eens een mooie dag worden, dacht hij en liep weg van het raam om zich in de eetzaal van het enorme rennerspakhuis – hotel Leonardo da Vinci – vol te proppen met eieren, vlees en borden spaghetti.

Tussen de dik ingepakte renners op het binnenplein van het middeleeuwse Castello in het hart van Milaan – met hun wollen truien, jassen, regenjacks, warme handschoenen, schaatsmutsen en berenmutsen leken het michelinmannetjes – had die ochtend ook een lange, blonde Nederlander gestaan. Hij droeg slechts een korte broek, een shirt en twee armstukken. Peter van der Knoop – een neoprof van 28 in dienst van de kleine Nederlandse ploeg Nikon-Elro-Van Schilt met Lomme Driessens als ploegleider – was ervan uitgegaan dat het in het zuiden altijd mooi weer was. 'Het is zo verschrikkelijk koud,' zei hij bij de start tegen Peter Pieters van het Spaanse ZOR, 'ik ga straks meteen aanvallen, anders vries ik nog vast aan een putdeksel.'

De Haarlemmer, die heel lang heel hard kon fietsen en wars was van koerstactiek, hield woord en piepte er na veertig kilometer tussenuit. Alleen de kleine Spanjaard Angel José Sarrapio van de Teka-ploeg – een ex-bokser en net zo'n stoemper als Van der Knoop – sloot aan en samen beukte het onooglijke duo urenlang tegen de storm in.

Toen in de verte de Capo Berta opdoemde, reden de twee moedige vreemdelingen nog steeds op kop – ze zouden uiteindelijk 210 kilometer soleren – maar van hun maximale voorsprong van 21 minuten was niet veel meer over. Anderhalf uur eerder had ploegleider Lomme Driessens Van der Knoop al gesommeerd zijn aanval te staken – naar verluidt omdat hij in een overmoedige bui had beloofd dat zijn renners bij winst een Ferrari zouden krijgen, net als Roger De Vlaeminck in 1973. Maar Van der Knoop ramde gewoon door. Hij had zich toch verdomme niet al die kilometers het snot voor de ogen gefietst om zich zonder slag of stoot te laten inrekenen? En trouwens, je wist het maar nooit.

Peter van der Knoop was niet naar Milaan gekomen om tussen de wielen mee te rijden, zoals honderd anderen. Nu was hij eindelijk prof en dan zou hij zich zo lang mogelijk laten zien ook. Dat bleek een verstandige beslissing, want de sponsor gooide aan het einde van het seizoen de handdoek, Van der Knoops professionele avontuur was na één jaar al weer voorbij. Aan de bar van stamcafé Van Egmond in Haarlem had hij nog vaak zijn verhaal over die doldrieste solo in Milaan-Sanremo willen vertellen, maar ook dat mocht niet zo zijn. Peter van der Knoop, die net zo mateloos kon drinken als hardrijden op een fiets, stierf op 43-jarige leeftijd aan een hartinfarct.

Op de Capo Berta kreeg Teun van Vliet als een van de eersten de twee vluchters in de smiezen. Het was maar een kort klimmetje en de wedstrijd zou er nog niet worden beslist, maar het was wel een uitgelezen mogelijkheid om te zien hoe de tegenstanders erbij zaten. Van Vliet had al een hele tijd geen ploeggenoot gezien – Leo Wellens zou achteraan in het peloton binnenkomen, Jos Jacobs en Jan van Houwelingen op ruime achterstand – maar het maakte hem niet zoveel uit. Hij voelde zich ook na ruim 250 kilometer in dat hondenweer nog ijzersterk. Anders dan Hennie Kuiper had hij het in de Tirreno-Adriatico rustig aangedaan, 'slechts meegereden', en hij was toch in de top-20 gefinisht. Teun van Vliet schoof nog wat verder naar voren, want als de wedstrijd ging ontbranden, wilde hij erbij zijn. Hij wrong zich in de voorste linie tussen de Panasonics, die na de samensmelting uitstraalden dat ze niemand meer zouden laten ontsnappen.

Hennie Kuiper had inmiddels de staart van het peloton bereikt. Alleen. 'We reden in die tijd natuurlijk nog zonder oortjes,' vertelde Roger Swerts, die na een carrière van bijna dertig seizoenen als ploegleider nu al vier jaar 'op pensioen' was, 'anders had ik natuurlijk jongens laten wachten. Hennie Kuiper was tenslotte onze eerste kopman. Ik heb de hele dag weinig kunnen doen, Milaan-Sanremo is een heel moeilijk te managen koers, zeker zonder communicatie.'

Er waren nog wel slachtoffers van de valpartij geweest die bij de kleine man uit Denekamp hadden aangepikt, maar ze waren een voor een uit zijn wiel geblazen en teruggewaaid naar de bezemwagen. Het regende dan weliswaar al een tijdje niet meer en langs de Middellandse Zeekust was het ook een stuk minder koud dan eerder die dag in de Povlakte, waar zelfs nog sneeuw lag, maar nog altijd joeg de storm vuilnisbakken voor zich uit, rukte takken van de palmbomen langs de boulevards en probeerde uit alle macht eenzame fietsers omver te blazen.

Kuiper had het allemaal met 'de kop tussen de kabels' getrotseerd en was in 25 kilometer anderhalf tot twee minuten op het peloton ingelopen. Hij had af en toe zelfs even met bewondering naar de Golf van Genua gekeken, de woest schuimende zee links van hem. Het gaf de boerenzoon een apart gevoel in zijn lijf, alsof zijn bloed ineens ook wat wilder door de aderen stroomde.

Terwijl Kuiper in de buik van het peloton op adem kwam, was er tijdens de beklimming en afdaling van de Capo Berta voorin een spervuur van aanvallen. Ludo Peeters probeerde het, en ook Acacio Da Silva, Pol Verschuere, Mario Beccia en Jean-Marie Wampers, maar de meeste moeite had de ploeg van Eric Vanderaerden, die alles neutraliseerde, met Fons De Wolf. De winnaar van drie edities geleden ontsnapte twee keer. Eerst vlak voor en daarna tijdens de beklimming van de Cipressa – de voorlaatste helling, die in 1982 in het parkoers was opgenomen, net als de Poggio in 1960, om de wedstrijd harder te maken en massasprints te voorkomen. Met de tong op het stuur greep Ludo De Keulenaer – de meest actieve knecht van Vanderaerden – ook zijn landgenoot De Wolf tweemaal terug. De Keulenaer keek vernietigend naar zijn Panasonic-collega's. Hij was er wel een beetje klaar mee. De volgende uitbraak moesten zij maar tenietdoen.

Er zou nog één aanval volgen, de beslissende.

Terwijl de Belgen elkaar voorin geweldig dwarszaten, zag Kuiper tijdens de beklimming van de Cipressa in een flits José-Luis Navarro voorbijkomen. Kuiper herkende de Spanjaard nog van de laatste

Parijs-Nice, waar hij met zijn ploegmaten van ZOR grote indruk had gemaakt. Kuiper twijfelde geen moment en haakte aan. Hij schoof mee naar voren. 'Ik wist: dat is mijn man', zei Kuiper ruim een kwart eeuw later. 'Als ik goed was, had ik zulke details wel goed in het snotje.' De Spanjaard reed inderdaad nog net zo hard tegen de storm in als in de Tirreno-Adriatico, waar hij zondag de derde etappe had gewonnen en in het eindklassement als vijfde was geëindigd. Dat was twee minuten vóór Kuiper en anderhalve minuut achter winnaar Joop Zoetemelk.

Met zijn 38 jaar had Zoetemelk iedereen verbaasd, inclusief zichzelf. En het inspireerde Kuiper ook, die zege van zijn generatiegenoot, die zelfs nog twee jaar ouder was dan hij. Kuiper zou dit wielerseizoen ook wel eens even laten zien dat hij er nog was. Dat het belachelijk was geweest dat bondscoach Piet Libregts hem – de wereldkampioen van 1975 – eind vorig jaar niet had meegenomen naar het WK in Barcelona. En dat het grote nonsens was wat er in de kranten was gesuggereerd, dat hij weg moest bij Kwantum Hallen-Yoko, waar hij vorig jaar ploegmakker was van Zoetemelk. Dat hij afgeschreven zou zijn.

Hij was zélf weggegaan bij de ploeg van Jan Gisbers. Hij voelde zich verre van senang in de oorlogssfeer die er heerste tussen Kwantum, met renner Jan Raas als de baas op de apenrots en met Peter Post als de machtige man bij Panasonic. Dat was niks voor Kuiper. Die gedijde veel beter in kleine, gezellige ploegen als Verandalux en Aernoudt of bij een grote ploeg als Peugeot, waar wel respect en leiding was. En dan te bedenken dat Kuiper de aanleiding had gevormd voor het ontstaan van de Kwantum-ploeg. Kijkend naar Kuipers memorabele overwinning in Parijs-Roubaix in 1983 riep Joop Steenbergen, de eigenaar van de Kwantum-keten, naar de televisie: 'Dat ga ik doen, een wielerploeg sponsoren. Dat is pas publiciteit.'

Aan dat alles dacht Hennie Kuiper niet toen hij halfweg tussen de Cipressa en de Poggio ineens vanuit het midden van het peloton van zestig renners de linkerkant opzocht en gas gaf. Silvano Ricco, een Italiaan uit het piepkleine ploegje Dromedario, die naast Kuiper had gereden, dook onmiddellijk in het wiel van de Nederlander. Het tweetal schoof rap naar voren. Niemand reageerde, ook Ludo De Keulenaer niet, die nog steeds het peloton aanvoerde. De Belg keek even naar links toen Kuiper en Ricco hem passeerden, toen naar rechts en naar achteren. Zijn ogen zochten naar ploeggenoten als Henk Lubberding, Walter Planckaert en Phil Anderson, maar die waren in geen velden of wegen te bekennen. Aan het wiel van de Belg reden twee mannen van Kwantum, maar ook die tilden hun kont niet uit het zadel. En toen vijftien seconden later ook Patrick Versluys van de Hitachi-ploeg vertrok, bleven ze opnieuw zitten, net als De Keulenaer.

Teun van Vliet reageerde wél op de uitval van Versluys en haakte onmiddellijk aan. Het gat naar Kuiper en Ricco, die nu kop over kop reden, was een meter of veertig, maar de Belg reed het toch in driekwart minuut dicht. Vanzelfsprekend volgde Van Vliet slechts.

In de Nederlandse maandagkranten werd gesuggereerd dat de aanval van Kuiper op twaalf kilometer van de finish een vooropgezet plan was, uitgedokterd met Roger De Vlaeminck, een ervaringsdeskundige. Dat demarreren tussen de twee laatste hellingen in geen enkel wielerhandboek voorkwam en dat ze daarmee iedereen zouden kunnen verrassen.

'Schijtziek word ik van al die lulverhalen over die Milaan-Sanremo', zei Hennie Kuiper eind 2011 in een wielercafé in Brabant. 'Zo was het helemaal niet. Het was gewoon puur instinct. Terug op die brede rechte weg naar Arma di Taggia, waar het zo stormde, demarreerde er niemand, dus toen ging ik maar.'

Als voorste van het viertal draaide Hennie Kuiper nog steeds de grote molen rond, maar de voorsprong groeide amper. Het bleef een seconde of vijf, een meter of dertig, veertig. Pas toen Teun van Vliet zich op kop nestelde – die in vergelijking met zijn veertien jaar oudere ploegmaat een rustig dagje achter de rug had – liep de voorsprong snel op. Dat zag de commentator van dienst ook: 'Van Vliet rijdt hard, echt hard. Laat die kleine Teun niet alleen gaan, want die is krachtig.' In amper een halve minuut verdubbelde de nieuwbakken prof het verschil met het jagende peloton.

Twee Nederlanders van een kleine Belgische ploeg alleen vooruit, dat zinde Panasonic-kopman Eric Vanderaerden allerminst. De man die drie weken later in apocalyptische weersomstandigheden de Ronde van Vlaanderen zou winnen, spoorde zijn ploegmaten aan en vloekte en tierde tegen de concurrentie. Of Sean Kelly en Francesco Moser, godnondeju, eindelijk eens uit zijn wiel kwamen en óók wat gingen doen. Het hielp niks. De vier voorop raakten steeds verder weg. En al snel werden het er drie. Op het moment dat het peloton op vijftien seconden gereden was – met die harde wind was dat nog slechts een meter of honderd – werd het gesleur van de twee Nederlanders Patrick Versluys te veel. De Belg zou uiteindelijk ver achter het peloton finishen.

Tijdens deze 76ste Milaan-Sanremo – die in 1907 in het leven was geroepen ter promotie van de mondaine badplaats aan de Italiaanse Rivièra – werd de koers voor het eerst in zijn bestaan gefilmd vanuit een helikopter. Tv-commentator Mart Smeets vond het maar aanstellerij en verwachtte niet dat de nuchtere Hollanders en Vlamingen op die manier de Amstel Gold Race en de Ronde van Vlaanderen in beeld zouden brengen, maar het was zo wel goed te zien dat Teun van Vliet verschrikkelijk hard fietste. Elke keer als hij zijn aflossing deed, brak het trio bijna in drieën. De Nederlandse kranten citeerden Hennie Kuiper in hun maandageditie: 'Ik heb tegen Teun geroepen dat hij kalm aan moest doen, anders had hij ons allemaal zoek getrapt.' Jaren later bleek het volgens Kuiper toch wat genuanceerder te liggen. 'Ik reed net zo hard hoor, zeker op het vlakke. En Ricco draaide ook gewoon mee.'

Feit is dat Hennie Kuiper – met een voorsprong van een half minuutje – als eerste de Poggio opdraaide en er in zijn typische, schokschouderende stijl een flinke klap op gaf. Hij had de koers al in 1973 voor het eerst gereden en wist als geen ander dat je hier niet moest aarzelen of achteromkijken. Ook al noemden men het 'slechts een pukkeltje in een pokdalig landschap' en 'een veredeld viaduct', op de weg naar het dorpje Poggio di Sanremo – amper vier kilometer lang en slingerend van 20 naar 162 meter hoogte – werd traditioneel het beslissende verschil gemaakt. 'Als dat bergje halverwege het parcours had gelegen, zou iedereen erom lachen', zei Eddy Merckx. Maar het moest worden beklommen met bijna driehonderd kilometer in de benen, daarom voelde het aan als de Mont Ventoux.

'Van Vliet maakt een beste indruk, een zeer beste indruk', klonk het in de Nederlandse huiskamers toen de jonge Westlander zijn ploegmaat Kuiper in een bocht binnendoor passeerde. Hennie Kuiper had tot een derde van de klim – de langzaam steiler wordende, smalle weg die vanaf zee langs de bloemenkassen omhoog kronkelde – voortdurend op kop gereden, Ricco had zijn achterwiel niet verlaten en vanuit laatste positie had Van Vliet regelmatig het achterveld gemonsterd. Af en toe had hij wel wat gezien, maar Van Vliet kon niet inschatten hoe groot hun voorsprong was. Dit is toch de Poggio, dacht hij, de grote mannen zullen er zo wel aankomen. Hij besloot niet op ze te wachten en zette zich op kop, met aan weerszijden van de weg het glas van de kassen. Hij plantte zijn handen bovenop het stuur en gaf gas.

Aan de staart van het groepje liet Ricco al direct een gat vallen. Kuiper kon met hangen en wurgen, en met de handen onderin de beugels, nog een half minuutje volgen, maar zakte toen ook naar achteren. Kijkend naar die beelden werd er gesuggereerd dat het een slimmigheidje van de nestor was, om zo zijn ploegmaatje weg te laten rijden. Maar Kuiper en Van Vliet waren achteraf eensgezind in hun analyse: het tempo lag simpelweg te hoog voor de oudste van de twee. Door alle inspanningen van die dag waren Kuipers benen volgelopen. Langzaam zag hij het wapperende jack, dat uit de achterzak van Van Vliets koerstrui stak, steeds kleiner worden. Kuiper had zich er eerder al over verbaasd dat Teuntje het nog bij zich droeg. In deze fase van de koers gooiden renners alle ballast van zich af. Roger De Vlaeminck voelde zelfs een suikerklontje nog zitten, alles was hem dan te veel.

Teun van Vliet vond het een mooi jackie en dacht er niet over om het weg te gooien, daar was hij veel te zuinig voor. Hij kon het zelf houden of hij kon het verpatsen, maar hij liet het hier zeker niet achter. Nederlands grootste wielertalent hield van mooie dingen én was tuk op geld. Hij ontpopte zich al op jonge leeftijd tot een rashandelaar. Als de vrachtwagens van zijn vaders bedrijf 's avonds in het donker stonden geparkeerd, sloop Teun de cabines in en pikte de seksblaadjes. Die verkocht hij op school voor een gulden per stuk. Hij was toen twaalf. Later deed de jonge Van Vliet in vuurwerk, kerstmutsen en Harley Davidsons. Het maakte hem niet veel uit, als het maar wat opleverde. 'Het geld ligt op straat', zei Van Vliet altijd. 'Je moet alleen wel de moeite nemen om te bukken.'

Na zijn eerste Milaan-Sanremo in 1973 was Hennie Kuiper ook over de finish gekomen met een koerstrui vol met lege bidons. Niet om ze zelf te houden of om te verkopen, Kuiper wist gewoon niet dat je die weg mocht gooien.

Op het eerste gezicht waren de twee compleet verschillende types – Kuiper, de schuchtere, en Van Vliet, het lefgozertje – maar in bepaalde opzichten leken ze ook op elkaar. Gedreven, ambitieus, niet te beroerd om te werken en geneigd tot aanvallen. Iedereen, inclusief Kuiper, had zich verbaasd over die jongeling die er, amper een maand prof, in de Ronde van Zwitserland van 1984 elke dag vanaf de start was ingevlogen. Alleen om het peloton te zieken, dat gelijk aan de bak moest, reed hij zich tien kilometer helemaal het schompes. Zij zouden hém straks in de bergen pijn doen, nu was hij aan de beurt.

Het was een type coureur om gek op te zijn, een heel goede voor de sport en voor de ploeg, vond Hennie Kuiper. Maar hier op de flanken van de Poggio ging het broekie 'zo hard tekeer', dat het hem pijn deed. De inspanningen van de dag werden hem even te veel, de diesel uit Denekamp moest een tandje terugschakelen en zag nu ook Ricco over zich heenkomen. Met gekromde rug, de mond wijd open en trekkend aan zijn stuur, lukte het de Italiaan nog net om in het wiel van Van Vliet te komen, die af en toe soepeltjes uit het zadel kwam en zijn macht toonde.

Door de krachtsexplosie van Van Vliet – 'ik demarreerde niet echt, ik ging gewoon hard naar boven' – was de voorsprong op het peloton inmiddels gegroeid tot veertig seconden. Maar de koploper, met Ricco voor dood in zijn wiel, had er geen weet van. Hij had de blik naar voren gericht.

Ploegmaat Kuiper, die inmiddels weer in zijn *'steady state'* gekomen was, vond het geen goede beslissing van Van Vliet om zo vroeg op de Poggio de aanval te kiezen. Dat zou hem nog kunnen opbreken. Hij had moeten wachten tot de zee niet meer te zien was, zoals grote winnaars als Merckx, Fignon en Bugno hadden gedaan.

Af en toe keek Kuiper over zijn schouder naar beneden. Tot zijn vreugde zag hij dat er nog een politiemotor voor het peloton reed. Dat betekende dat de voorsprong meer dan een halve minuut was en dat hij nog een kans had om derde te worden. Hij schakelde weer bij en duwde krachtig op de pedalen.

Verder naar boven ging het nu, langs de kassen en de grote bassins die langs de weg stonden, en waarin het water door de storm hevig klotste. Het was vanuit de helikopter een prachtig gezicht. Net als het gevecht tussen de drie partijen die nog een rol speelden in de koers. Door de scherpe haarspeldbochten in de weg naar boven was zowel Van Vliet, Ricco, achtervolger Kuiper als het peloton in één blik te vangen. Kuiper, die duidelijk zijn tweede adem had gevonden en niet van plan leek volledig te capituleren, reed op een seconde of vijf, de grote groep daar een halve minuut achter. Duidelijk was ook te zien hoe hoekig de twee voorop door de bochten gingen en hoe gemakkelijk Kuiper dat deed, steeds de goede lijn pakkend. Hij was hier duidelijk vaker naar boven gereden.

Even daarna, op het moment dat Van Vliet het steilste stuk van de klim achter de rug had en met Ricco in zijn wiel een bocht rondde, zat er een knip in de uitzending op de Nederlandse buis. Het volgende shot toonde Van Vliet en Ricco aan de voet van de Poggio, net voor het cruciale moment in de koers. Hét moment waarover wielerliefhebbers en betrokkenen nog lang zouden napraten. Gelukkig bleef de Italiaanse zender Rai Uno de hoofdrolspelers wel volgen gedurende het vals plat naar het dorpje Poggio en de afdaling naar Sanremo en toonde zeven ontbrekende, belangrijke minuten die veel duidelijk maakten.

Er werd na afloop gesproken over Van Vliets aarzeling – dat hij niet vol had doorgereden om op Kuiper te wachten – dat hij, om zich te sparen, Ricco in de afdaling veel op kop liet rijden, en dat Ricco daarvoor als een oud wijf in tweede positie alleen maar had kunnen volgen. Een kwart eeuw na de bijzondere klassieker zei Van Vliet nog dat hij tot bijna onderaan de Poggio in Sanremo geen idee had hoe groot de achterstand van Kuiper was. De beelden logenstraften al die beweringen.

Silvano Ricco en Teun van Vliet reden langs rommelige muurtjes en door piepkleine buurtschappen, waar vrouwen met hoofddoekjes stonden te klappen. De Nederlander ging vaak uit het zadel en nam de langste aflossingen voor zijn rekening, maar ook Ricco zette zich geregeld op kop. Op rechte stukken weg keken ze af en toe om, vooral Teun van Vliet, en dan was Hennie Kuiper, die gevolgd werd door twee auto's, goed te zien. Zijn achterstand liep in het laatste rechte stuk naar het gehucht Poggio op naar tien seconden, maar hij had de motor met camera die bij het leidende duo reed, steeds goed in het oog. Het peloton volgde Kuiper op iets minder dan twintig seconden.

Hennie Kuiper stond bekend als een duivelse daler, en dat bleek even later toen hij voorbij het dorp in achtervolging op de twee met doodsverachting naar beneden dook. Al in de tweede bocht had hij het verschil gehalveerd. Kuiper liet zich er gewoon invallen en durfde meer dan het duo voor hem op zijn stuurmanskunst én de tegenwind te vertrouwen. 'Als ik goed was, kon ik geweldig dalen. En, dat had ik van Merckx geleerd, ik had die afdaling goed bestudeerd. Ik wist goed wat er komen ging.'

Een minuut en twee bochten later had Kuiper alweer twee tellen goed gemaakt. Hij reed drie seconden achter Van Vliet, hij kon diens klapperende jack bijna aanraken – dat inmiddels zo ver uit Teuns achterzak stak dat het als een parachute begon te werken.

Een kwestie van een paar honderd meter leek het dat Kuiper de twee zou achterhalen, maar hij hield in het restant van de afdaling – nog twee kilometer en vier bochten – het verschil voortdurend rond de drie seconden. Hennie Kuiper leek te wachten.

Veel renners hadden schrik in de afzink van de Poggio, zelfs de winnaars. Roger De Vlaeminck dacht af en toe 'ik ben eraan, ik ga verongelukken', en Sean Kelly raadde iedereen aan op die punten in de afdaling, waar je achter de lage muurtjes slechts de zee in de diepte ziet liggen, 'niet aan vrouw en kinderen te denken, dan ben je verloren'.

Teun van Vliet zag zichzelf ook als een goede daler, maar liet op weg naar Sanremo het bochtenwerk vooral over aan Silvano Ricco. De Italiaan stuurde zeven van de acht bochten als eerste in. Van Vliet nam de leiding steeds over op de stukken ertussen. Daar trapte hij hard door. Dat moest ook wel, want het peloton dat onder aanvoering van waaghalzen Urs Freuler, Stefan Mutter, Frédéric Vichot, Sean Kelly en Francesco Moser razendsnel daalde, liep snel in op de drie vooraan. In bocht vijf was de achterstand op Kuiper nog maar twaalf seconden.

Nederlandse tv-kijkers zagen de beelden van de zinderende achtervolging pas weer na de laatste scherpe bocht.

Silvano Ricco waaierde er als eerste uit, met Van Vliet op decimeters van zijn achterband. Het ging hard naar een flauwe bocht, die de renners op de lange, brede Via Giuseppe Mazzini zou brengen. Het was nog maar twee kilometer naar het finishdoek. De cameraman op de motor, die een paar meter achter Van Vliet reed, produceerde wat schokkerige beelden die vooral de witte helm van zijn chauffeur lieten zien, toen plots als een duiveltje uit een doosje vanachter die helm Hennie Kuiper opdook. Hij passeerde de motor links.

Kuiper trapte een heel zware versnelling en had duidelijk meer snelheid dan de twee vlak voor hem. Drie tellen later had Kuiper het achterwiel van zijn ploegmaat al bereikt, precies op de plek waar de vangrail eindigde en twee wegen zich samenvoegden. 'Met z'n drieën zijn we, Kuiper is erbij', sprak de commentator, en meteen waren die woorden al geschiedenis.

Kuiper had lang genoeg gewacht, en hoewel het binnendoor korter was en dus logischer, zwenkte hij zijn fiets naar links om Van Vliet buitenom te passeren. Op dat moment gluurde Ricco over zijn linkerschouder en keek Kuiper recht in het gezicht. Hij gooide zijn fiets ook naar links en greep onmiddellijk naar de commandeur op zijn frame. Kuiper en Van Vliet volgden de beweging van de Italiaan naar het midden van de weg, en op het moment dat Kuiper links naast zijn ploegmaat kwam, bewoog Van Vliet, zonder op of om te kijken, zijn rechterarm van achteren naar voren.

'Neem maar over', leek het gebaar te zeggen, en duidelijk was dat Van Vliet Kuiper aan de andere kant verwachtte.

Op het moment dat Ricco klaar was met het gehannes met zijn versnelling – het duurde bijna drie seconden – had Kuiper al een voorsprong van drie fietslengtes. Ricco kromde zijn rug, keek naar zijn frame, en trapte uit alle macht, maar toen hij vijf tellen later weer opkeek, had Kuiper al een gat van ruim twintig meter geslagen. Van Vliet keek niet op of om en hield het wiel van Ricco. Hij wist onmiddellijk dat zijn eigen winstkansen verkeken waren. Hij had nog wel met Kuiper meegekund, maar ja, hij kon toch moeilijk een ploegmaat terughalen. Kuiper ging winnen, dat was duidelijk. Als hij zo'n voorsprong had, liet die ouwe niemand meer terugkomen.

Dan maar tweede, dacht Teun, want hoewel hij geen idee had of Ricco een beetje kon sprinten, had hij er de laatste acht kilometer geen moment aan getwijfeld dat hij die Italiaan in de spurt zou kloppen. Heel pijnlijk vond Van Vliet het op dat moment niet. Hij was iets meer dan een half jaar beroepsrenner, en hij werd gewoon tweede in een grote klassieker.

Als er één ding was dat Hennie Kuiper goed kon, dan was het wegrijden en gewoon hard doortrappen. Zo was hij na een solo van veertig kilometer in 1972 olympisch kampioen geworden, zo kwam hij alleen aan in Yvoir bij het WK van 1975 en zo had hij ook zijn drie grote klassiekers – Vlaanderen, Lombardije, Parijs-Roubaix – gewonnen.

En ook deze dag was er niemand meer die Kuipertje ging achterhalen. Op het zwaarste verzet trapte hij snel een gat van een kleine tien seconden en hield dat vast tot het eind. Het was iets voor half vijf en de zon scheen zowaar in Sanremo toen hij na drie keer achterstevoren op zijn fiets te hebben gezeten – net als in 1975 toen hij wereldkampioen werd – in zijn handen klappend van geluk over de streep gleed. Hennie Kuiper was, na Arie den Hartog in 1965 en Jan Raas in 1977, de derde Nederlandse winnaar van Milaan-Sanremo. Maar hij was bovenal de eerste Hollander

Hennie Kuiper (rechts) heeft zijn definitieve demarrage geplaatst, terwijl Teun van Vliet (links) de voorsprong op het peloton peilt. Foto Cor Vos

die vier van de vijf grote wielermonumenten had gewonnen. Dat was hij 26 jaar later nog altijd.

Teun van Vliet had zich een paar honderd meter eerder met een korte aanzet van Ricco ontdaan en finishte breed lachend en met de armen in de lucht acht seconden na Kuiper. Ricco kreeg dezelfde tijd. Eric Vanderaerden, als eerste van het peloton, volgde op drie seconden.

De kleine ploeg van Verandalux was euforisch: een en twee in de eerste grote klassieker van het jaar, wie had dat durven dromen? Maar lang duurde die vreugde niet. Hennie Kuiper had het in 2011 nog over een geweldig feest toen de ploeg was teruggekeerd in Milaan. 'De ellende begon pas de volgende dag.'

Maar ploegleider Roger Swerts herinnerde zich dat al voor die tijd de eerste haarscheurtjes in de feestvreugde zichtbaar waren. 'Teun heeft al voor het avondeten met Nederland gebeld en daar is hem verteld dat hij geflikt is door Kuiper.' Hij was toch de sterkste die dag? Híj had moeten winnen, niet Kuiper, werd hem gezegd. Dat telefoongesprek moet dan plaats hebben gevonden nadat Van Vliet met de pers had gesproken. 'Ik baal natuurlijk stevig,' tekende *Het Parool* zijn reactie op, 'maar ik gun het Hennie van harte.'

Ook in andere kranten uitte Van Vliet zich in gelijke bewoordingen. Dat het mooi was voor de ploeg en dat zijn tijd nog wel zou komen. Volgens Kuiper zou Teun ook nog tegen hem hebben gezegd dat 'als ik nooit meer een grote koers win, ik het vandaag ook niet waard was geweest om Milaan-Sanremo te winnen.' Hij vond het een bijzondere uitspraak voor een jongen van 22.

'Ik heb inderdaad gebeld met familie en vrienden', vertelde Teun van Vliet in zijn huis in België, op minder dan honderd meter van de Nederlandse grens, 'en die zeiden allemaal dat Kuiper mij een kunstje had geflikt. Ja, en toen ging ik het zelf ook met andere ogen bekijken.' Die visie was in 25 jaar niet veranderd. 'Ik voelde me de sterkste en ik was de sterkste. Hennie had mij gewoon moeten laten winnen. Hoe? Door een hoog tempo te draaien. Dat bedoelde ik met dat gebaar, dan had ik het afgemaakt.'

Roger de Vlaeminck zette tegen journalisten een andere analyse uiteen. Volgens hem had Van Vliet twee cruciale fouten gemaakt. 'Wanneer hij op de Poggio had doorgezet, was hij zo bij die twee vandaan gereden. Nu schrok hij ervan dat hij Kuiper er zomaar vanaf had gereden, twijfelde, waardoor de Italiaan gespaard bleef.' En De Vlaeminck vond het ook onverstandig dat

Van Vliet zich spaarde in de afdaling door Ricco voorop te laten rijden. Nu moest hij steeds afremmen in de bochten. 'Wanneer hij zelf als eerste omlaag gaat, is hij eerder beneden, en zit Ricco dan nog in zijn buurt, dan kan hij hem er altijd nog afsprinten.'

Teun van Vliet besloot Hennie Kuiper die avond dan maar om geld te vragen voor zijn inspanningen: 7500 gulden. 'Drie maandsalarissen leek me wel een goede vergoeding.' Roger Swerts was er faliekant op tegen toen hij ervan hoorde. 'Dat had ik nog nooit meegemaakt, en dat kan ook niet, afrekenen binnen een ploeg.' Alle renners inclusief Van Vliet en Kuiper deelden mee in de winstpremie, Kuiper zag er vanaf. 'Nee, natuurlijk heb ik Teun niet vergoed', zei Kuiper. 'De sponsor betaalde ons om voor de ploeg te rijden, zo simpel is dat.' Hij zou zelf ook nooit om geld van een ploeggenoot hebben gevraagd.

Na dat weekend stonden er in de kranten citaten van Hennie Kuiper waarin hij uitlegde wat zijn plan was geweest in de laatste twee kilometer. Dat hij 'blijf zitten' zou hebben geroepen, en dat Teun dat verkeerd had begrepen. Die had zijn benen niet stil moeten houden, maar moeten aanhaken, dan zou Kuiper hem naar de eindstreep hebben gereden.

Grote nonsens is dat, vond Kuiper in Brabant. Niet van dat strijdplan, maar wel van dat roepen. 'Nee, dat ging echt niet met die snelheid, maar ik heb wel naar mijn achterwiel gewezen, van: kom in mijn wiel.' Kuiper was naar eigen zeggen nog steeds verbaasd dat hij, toen hij na 300, 400 meter naar links ging en omkeek, niemand achter zich trof. 'Toen heb ik weer bijgeschakeld en ben ik volle bak naar huis gereden.' Kuiper was het een beetje zat om zich altijd te moeten verdedigen voor die overwinning in Italië. 'Dat is het hele verhaal van die Milaan-Sanremo, en meer is er niet van.'

De beelden, voor de zoveelste keer bekeken in slow motion, vertellen niettemin een ander verhaal. In de eerste dertig seconden na zijn aanval hield de camera Hennie Kuiper voortdurend in beeld. Al die tijd – omgerekend toch zo'n 400, 500 meter – bleven Kuipers handen stijf onderin de beugels en keek hij ook op geen enkel moment om.

Roger Swerts onderschreef de analyse van de opnames. 'Ik denk dat Hennie heel goed voelde dat Teun beter was, en dat was ook zo, en dat hij daarom voor zijn enige kans is gegaan.' Het was uiteraard zijn goed recht, vond Swerts, die verschrikkelijk blij was voor de ploeg en voor Kuiper. 'Ik had in die situatie precies hetzelfde gedaan. Je moet er toch niet aan denken dat die jongens Ricco meenemen naar de streep en dat hij ze daar klopt. Dat gevaar zit er altijd in.'

Swerts had Van Vliet de overwinning die dag ook gegund – 'Teun bulkte van het talent, het verbaasde me niet dat hij in de kopgroep zat' – maar tactisch had de ervaren Kuiper het goed gedaan: hij won tenslotte. 'Wielrennen is niet alleen hard fietsen, het is ook je kop goed gebruiken, en dat kon Hennie. Hij was een van de slimste renners die ik heb gekend.'

'Ja, zo was het', besloot Teun van Vliet. 'Ik was die dag de sterkste, Hennie de slimste.'

Met dank aan: Hennie Kuiper, Teun van Vliet, Roger Swerts, Marcel Goedhart, Jan Luitzen, Bert Wagendorp en Peter Ouwerkerk.
Bronnen: NRC *Handelsblad, Trouw, De Telegraaf, de Volkskrant, Algemeen Dagblad, Nieuwsblad van het Noorden, Het Parool, Wielerrevue, De Muur.*
Literatuur: Guido Bindels – *Teun van Vliet, Drank, vrouwen, de koers en de dood*; Dominique Elshout – *Hennie Kuiper, Alleen vooruit*; Ron Couwenhoven – *Wielerklassiekers*; Eddy Soetaert en Stefan Van Laere – *De jonge veteranen; Wielerjaarboek '85-'86.*

Kijk die nieuwe kevers fietsen

Jan Sonneveld

Op 13 mei 1953 staat een wonderlijk groepje avonturiers aan de start van de Route de France, het amateurbroertje van de grote Tour. Het zijn Colombianen en ze worden met argusogen bekeken.

De Ronde van Colombia is dan nauwelijks bekomen van haar derde editie. De koers had in het door armoede en geweld getormenteerde land een geweldige passie losgemaakt. Er werd gefietst over karrensporen van zand en modder. Wegen een fiets onwaardig, hoogstens bedoeld voor waaghalzen met doodsverachting. Bovendien passeerden ze plaatsen waar guerrillero's hun gevechten staakt voor de koers. Ze klapten voor de renners vanuit het struikgewas. Doorgeladen wapens in de aanslag.

Wie de koers uitreed, was een held, de winnaar een halfgod. De toppen van de Alto de Minas, Letras en La Línea werden mythische plaatsen. De renners die de reuzen bedwongen, verbeeldden de onverbiddelijke hoop, de belofte van een beter morgen, zonder angst, armoede en geweld. Maar net als het verlangen zelf waren de bergtoppen ook vaak in nevelen gehuld. Soms bitter koud, dan weer gegeseld door tropische stortbuien. Wie zulke toppen bedwingt op een fiets, is op slag een toekomstige Tourwinnaar of wereldkampioen. De Andes baarde een belofte waar het volk heilig in geloofde: Colombia ontlook als grootmacht op de fiets.

Het enthousiasme over de koers deed de bonzen bij de wielerbond mijmeren over het verre Europa. De Tour was te hoog gegrepen. Dus ging er een team naar de Route de France. De drie winnaars van de Vuelta a Colombia waren van de partij: Efrain 'Zipa' Forero (1951) en Ramón 'de Kever' Hoyos (1953) deelden het kopmanschap. De zonderlinge Fransman José Beyaert (1952) was ploegleider. Beyaert, die in London (1948) olympisch goud op de weg had gewonnen, was in '51 op uitnodiging van de wielerbond naar Colombia gekomen en had zomaar besloten om te blijven. Prompt won hij het jaar erop de nationale Ronde. Wie kon de renners in Frankrijk beter begeleiden dan deze kampioen en geadopteerde held?

De reis naar Europa eindigde in een deceptie. Het begon al bij een tussenstop in Londen. De bobo's van de wielerbond bleven daar achter. Ze geloofden de belofte van het Colombiaanse wielrennen niet zo en keken veel liever naar de kroning van koningin Elizabeth II. In Frankrijk moest Beyaert eerst zes fietsen bijeen scharrelen voor zijn renners, opdat ze konden meedoen aan de koers.

De echte lijdensweg begint dan pas. In Noord-Frankrijk heersen wind en kasseien. De Colombianen komen in de eerste etappe (Parijs-Saint Quentin) binnen met tweeënhalf uur achterstand. 'Hoyos trok zijn strohoed over zijn ogen', schrijft *L'Equipe* de volgende dag. In een groots gebaar van genade laat de koersdirectie de exoten echter gewoon in koers. Na etappe vier (Charleville-Epernay) stapt de hele ploeg af. Ze blijven nog een maand in Frankrijk en logeren bij de vader van Beyaert in Pantin, een voorstad van Parijs. Af en toe rijden ze een kleine amateurkoers, waarvan Fabio León Calle er zelfs een wint. Daarmee is alles gezegd. In juni vertrekt het gezelschap opgelucht terug naar huis. De bond mokt. Beyaert kan fluiten naar zijn loon: er is te weinig gepresteerd.

Ramón Hoyos wijdt in zijn interviews met journalist en romancier Gabriel García Márquez weinig woorden aan het avontuur. 'Van mijn verblijf in Frankrijk herinner ik me de schoonheid van de Eiffeltoren en de dierentuin. En daarvan kan ik me alleen nog herinneren dat de leeuwen diepe indruk op me maakten. In Frankrijk konden we niet winnen. Vanaf het eerste ogenblik besefte ik dat we niet voorbereid waren om mee te doen aan die krachtproef en dat we het moesten opnemen tegen de beste renners van de wereld, op wegen die heel anders waren dan de onze.

Daarom was het voor mij geen verrassing hoe het ons Colombianen in Frankrijk verging.'

Het Colombiaanse wielrennen is veel te klein voor het tafellaken. De belofte vervliegt als de mist in de Andes. Wat volgt is een lange stilte. Een enkele Colombiaan weet het Europese peloton te vinden. En een enkele Europeaan komt, uit nieuwsgierigheid, de Andes verkennen. Maar zelfs Fausto Coppi en Hugo Koblet gaan op de beklimming van de Alto de Minas, tussen Medellín en La Pintada, ten onder aan de hitte en de hoogte. De Colombiaanse wielersport groeit jaar naar jaar en in haar kielzog ook de belofte van grootsheid. Maar tussen de Andes en de Alpen ligt een immense waterscheiding. De belofte gaat ten onder aan de harde realiteit van het Colombiaanse leven.

De ijstijd duurt bijna dertig jaar. Dan breken de jaren tachtig aan en Colombia stuurt opnieuw een ploeg naar de Tour voor amateurs: de Tour de l'Avenir. Prompt wint Alfonso Flórez de koers en als de wielerwereld van de verbazing is bekomen, weet iedereen in Colombia genoeg: dit is de inlossing van de belofte. De realiteit is verslagen door de droom.

In Europa worden de Kevers (de bijnaam van Hoyos slaat over op het hele Colombiaanse peloton) eerst en vooral met opgetrokken wenkbrauwen gadegeslagen. Wat nou belofte? Ze slapen in jeugdherbergen en niet in hotels, zoals hun Europese collega's. Ze eten geen energierepen, maar *bocadillo*, een calorierijke reep van guavepasta en suiker. Ze drinken geen sportdrank, maar *aguapanela*, water aangelengd met ongeraffineerde suikerblokjes. Op het vlakke happen de Kevers naar adem, maar zijn de bergen in zicht, dan vallen ze aan.

De liefhebber geniet. Bernard Hinault niet. Ze verzieken de boel, moppert De Das. Hij rijdt de Colombianen klem, uit pure nijd. Ook wijst hij ze na, maakt snuifgeluiden en roept 'cocaïne!' Het helpt niet. Martín Ramírez verslaat hem in de Dauphiné Libéré van 1984. Tijdens de slotetappe kiest de gele trui het wiel van de nukkige Breton en dat zint hem voor geen meter. Weer begint hij te treiteren. Pablo Wilches komt Hinault waarschuwen: als zijn kopman iets overkomt, zwaait er wat. Mokkend neemt De Das zijn verlies. Kijk die Kevers fietsen!, kopt *de Volkskrant*.

Ze zijn arm en onaangepast, maar maken dat goed met hartverwarmende passie. Het keurig gereguleerde Europese peloton accepteert het zooitje ongeregeld mondjesmaat. De Kevers worden bejegend als Marokkaanse straatschoffies. Het deert hen niet.

Van dit succes droomt Colombia al decennia. Het land is in extase. Wielrenners zijn definitief halfgoden, de verlossers van het volk. Wedstrijdverslagen worden sagen en legenden als uit lang vervlogen tijden. Fabio Parra en Luis Herrera winnen etappes en truien in de Vuelta en de Tour. Herrera wint in 1987 zelfs de Ronde van Spanje. Eindelijk is Colombia een grootmacht in het verre, imposante Europese peloton. Andersom verandert ook de Andes in een mythisch gebergte: wat gebeurt daar toch, dat die jongens zo kunnen klimmen? Zijn het die belachelijk hoge bloedwaarden door de ijle lucht? Of is het toch doping?

Maar de realiteit kan ook nu de legendevorming niet aan. Elke positieve kracht kent zijn duivelse tegenhanger. Armoede en verdovende middelen trekken het Colombiaanse wielerleven langzaam naar de onderwereld. Om José Beyaert hangt al sinds de jaren zestig de geur van duistere zaakjes en zelfs moord. Hij ontkent niets, is bovendien niet vies van een sterk verhaal. Sport, geweld en drugs gaan hand in hand. Waar goud blinkt, regeert al snel de maffia. Colombia is zo rot als een mispel en dus ook de wielersport. De broer van drugsbaron Pablo Escobar sponsort een wielerploeg. Een uitmuntende dekmantel: zo'n hol fietsframe is zeer geschikt voor de smokkel van coke. Renners en oud-renners vallen ten prooi aan een vuile oorlog. Alfonso Flórez gaat een schooltas kopen voor zijn dochter en komt niet terug. Pablo Wilches wordt doorzeefd met kogels gevonden in zijn auto. De ontluikende belofte wordt gesmoord in angst, dood en verderf.

Wie veel geluk heeft of een schatrijke vader, wordt nog wel ontdekt in Europa. Zoals de diplomatenzoon Santiago Botero. Al hangt rond zijn succes (bolletjestruien, Touretappes en wereldkampioenschappen) ook de mist van doping.

Grote delen van Colombia, zeker de bergen en de regenwouden, zijn alleen nog veilig voor de FARC of andere bandieten. Er zit niets anders op dan te trainen waar het wel kan. En te bidden, veel te bidden tot Onze Lieve van Vrouwe van Morcá, Colombia's eigen Madonna van Ghisallo, even buiten Sogamoso.

De belofte echoot maar na en het mythische verlangen blijft. De talentenbron van de Alto de Minas droogt op. Op La Línea ontbolstert geen Tourwinnaar meer. De vervoering vervliegt opnieuw als de mistflarden de bergtoppen van de Andes in bezit nemen. Het uitzicht op succes gesmoord in tropische hitte.

Een enkeling, bedwelmd door de gezonde drug die wielrennen heet, blijft echter volhouden, de belofte indachtig. Jeugdtrainer Luis Fernando Saldarriaga wil Europa veroveren met een nieuwe generatie Kevers. Dankzij een jarenlang offensief van de Staat tegen de FARC gaat het langzaam beter op de wegen rond Medellín en Bogotá. Colombia gonst van nieuwe bedrijvigheid, nieuwe hoop. Ook voor het wielrennen, waar de eeuwige belofte inmiddels als een molensteen rond de nek van ieder talent hangt. President Juan Manuel Santos, de wind in de zeilen, zoekt naar een nieuw symbool van nationale hoop. Geïnspireerd door de film *Invictus* trekt hij de buidel. De Staat is niet rijk, maar voor een nationale wielerploeg is altijd geld te vinden. Het is de echo van de oude belofte en het verlangen dat maar blijft steken. Colombia es Pasion krijgt Saldarriaga als ploegleider.

Een van zijn renners is Nairo Alexander Quintana Rojas, een boerenzoon uit Tunja, in het departement Boyaca. Hij werkt als puber al hard op de boerderij van zijn vader. Luis Guillermo Quintana loopt mank, na een auto-ongeluk en drie zware operaties. Zware arbeid zit er niet meer in. De verlegen Nairo en zijn broers en zussen zorgen voor de koeien. Nairo zet ook een winkeltje aan huis op. Elke peso is meegenomen. Op de roestige fiets van zijn vader (prijs: 60.000 pesos, zo'n 20 euro) fietst hij vijf jaar elke dag naar het Technisch College Alexander Humboldt in Arcabuco, dertig kilometer van huis.

Langzaam kruipt de fiets onder zijn huid. Hij spaart voor een racefiets; zus Esperanza legt 270.000 pesos bij, bijna 100 euro. Die heeft ze verdiend als werkster. Nairo koopt er een nieuw pedaal van. Als hij op z'n achttiende geschept wordt door een taxi, staat de tijd even stil. Nog een zwaar ongeluk in de familie is ondraaglijk en onbetaalbaar. Nairo ligt vijf dagen in coma, maar herstelt. De familie ademt uit. Hun zoon, de wielrenner, is de belofte van een betere toekomst.

Ver weg, in de wijk Bolivia Real van miljoenenstad Bogotá, woont de familie Chaves. In een eenvoudige flat: appartement 502, op de zevende verdieping aan calle 82/carrera 103D, nummer 35. Alles in het gezin draait om de fiets. Het profbestaan is vader Jairo Alfonso niet gegund, maar naast zijn werk als meubelmaker zit hij zoveel mogelijk op de fiets. Het liefst samen met zijn twee zoons. Vooral Esteban (Johan Esteban voluit) heeft de smaak al vroeg te pakken. Hij maakt de buurt onveilig op een crossfietsje. Enthousiast schrijft zijn vader hem in voor wedstrijdjes in de buurt. Maar na een harde valpartij laat de zevenjarige Esteban de fiets in de gang staan: 'Papa, ik vind het niet meer leuk', zegt hij resoluut. Hij gaat hardlopen. Als hij na een paar jaar meedoet aan een duatlon, ontluikt toch de weggestoken liefde voor de fiets. Esteban zegt nu het hardlopen vaarwel. Vader Jairo glimt van trots. Zijn zoon is dan toch een belofte, een toekomstige Kever.

Risoul, 14 september 2010. Bedeesd staat Nairo Quintana in een te grote gele trui op het ereschavot. Hij zwaait onwennig met het pluchen leeuwtje van de wedstrijdsponsor. De Tour de l'Avenir zit erop en in het verder doodstille skistation zingen de Colombianen uit volle borst. Quintana zet de concurrentie, onder wie ploeggenoot Pantano (derde), op een straatlengte en keert als grote belofte terug naar Colombia. De Kevers heersen weer even in Europa. Thuis wordt hij als een held ontvangen. Vader Luis Guillermo, dezelfde verlegen oogopslag als vroeger maar dertig jaar ouder, huilt tranen van geluk en zijn moeder drukt het pluchen leeuwtje tegen zich aan alsof het haar zoon zelf is. Het volk zingt, president Santos speldt de jongen een medaille op en vervolgens gaat hij in een lange optocht door heel Boyaca. De schuchtere volksheld staat snel Nicolas Sarkozy te woord, die belt met felicitaties uit het Élysée. Iedereen bezingt de belofte van de Kevers. De fiets is terug als amulet van een verlangende natie.

Alba, een jaar later. Opnieuw staat er zo'n spichtig Colombiaans joch op het hoogste schavot van de Toekomstronde. Naast hem een huilende Canadees. Zelf lacht Esteban Chaves schaapachtig zijn tanden bloot, die schuilgaan achter een beugel. Geen overmacht bergop dit jaar, maar listig koersinzicht van ploegleider Saldarriaga. In het Italiaanse middengebergte wordt gepokerd om seconden en op het nippertje eet Chaves eerst het bord van de Canadees David Boily leeg. In het ouderlijk huis zit de hele familie aan de radio gekluisterd: ooms en tantes, neven en nichten. Moeder Carolina Rubio loopt heen en weer naar de keuken en staat ondertussen snel de verslaggever van City TV te woord. Vader Jair Alfonso is nergens te bekennen. Hij rijdt de Ronde van Colombia voor veteranen. De fiets regeert.

Thuisgekomen wordt Esteban van journalist naar journalist gesleept, alsof hij de échte Tour gewonnen heeft. In de studio van Caracol TV beantwoordt hij beleefd alle vragen. Het piekhaar keurig in model, glinsterend in de studiolampen. Om zijn iele schouders die veel te grote gele trui en in zijn armen het pluchen leeuwtje. Alsof hij klaar is om naar bed te gaan, met natte haartjes, pyjama aan en een knuffel bij de hand. De president krijgt een extra bedankje, net als de rest van het in katzwijm gefietste land.

De mist die het Colombiaanse wielrennen verlamde, hangt nu in de ogen van het dromende volk. De Kevers zijn terug en gaan hun belofte inlossen. Ze rijden ook volgend jaar weer rond in het Europese peloton, dat reizende circus van vreugde en verdriet, van klimmen en dalen. Inclusief Chaves, Quintana en die andere grote belofte, Sergio Henao. Ze torsen als Atlas de belofte van een verlangende natie op hun schouders. De mythische Andes baart weer kampioenen. Kleine jongens beklimmen de Minas, dalen als duivels de Letras af en slingeren omhoog over La Línea. Voor zich zien ze de bedeesde gezichten van Hoyos, Herrera en Quintana.

Na zestig jaar diep verlangen en een kortstondig proeven van succes kan de hunkering niet groter. De eeuwige belofte van de Kevers staat op het punt om definitief te worden ingelost. Het kan niet anders.

Met modder geschreven

Willy Verhegghe

Herfst en winter in huiverende hoofden,
bevroren benen, knikkende knieën:
stop met die amechtige alliteraties, dichtertje,
en buig nederig het hoofd voor de renners
van het prikkeldraad, ijs en slijk,
plaats hen op het erepodium van je pen,
bewierook hen en zwaai kwistig met lof
want zij zijn als geen ander van ijzer en staal
met hun harten die één uur lang kloppen
als door duizend duivels bezeten.
Zie hun trillende lippen, hun barstende koppen
wanneer het startschot over de velden knalt
en patrijzen, hazen en fazanten dwaasweg denken
dat mannen en vrouwen met rare tekens op de borst
jagers zijn die hen op ranke tuigen van carbon
in een razend tempo en met bloedhonden achtervolgen.

Ach, veldrijden als onderschatte diepvriestroost
voor supporters die op hun wielerhonger blijven
wanneer de klassiekers samen met de grote broers
Tour, Giro en Vuelta in de schamele schoendoos
van alweer een voorbij seizoen worden opgeborgen.

En ook hier, in de nevel die als een voile van verderf
over velden en akkers hangt,
ook hier staan de beste stuurlui aan wal,
zij huilen, roepen en krijsen de nadar krom,
verkrachten hun stembanden met kreten
uit de prehistorie, zij stampen en trekken renners
van de fiets, zij tieren en vloeken op leven en dood.
Soms flitst een fluim doelgericht naar een gehelmd hoofd
of wordt ranzig bier uit plastieken bekers
als heidens wijwater over gebogen ruggen gekieperd.
Zie de wijsheid in de kan, de dreigende vuisten.
Ach, sport als slagveld voor en van de menselijke geest,
een smeltkroes van frustraties en geweld
voor heethoofden gewapend met sjaal en wollen muts.
En de coureur, hij houdt de adem in wanneer hij
aan de start de opgeladen batterijen van zijn kuiten
slechts met moeite in bedwang weet te houden.
Plots schiet hij weg, het startschot achterna,
hij voelt hete ademstoten in zijn nek,
ellebogen op zijn weg, kromsturen in de dij,
pedalen die zijn enkels enteren,
misschien denkt hij kort en bevend aan Ben Hur en
de messen op de wielen van het vijandig paardenspan
in de kolkende arena van een bloedheet Rome.
Heel even ook trilt en huivert hij, de renner,
duikt dan de horror van prikkeldraad tegemoet,
voelt hoe sneeuw en ijzel de tubes doen slippen,
hoe modder met een smerig grimas zijn ketting wurgt.
De kuitenbijtende hellingen en in de neus de maffe mix
van koeienvlaai, sigarettenrook en hotdog,
het reukorgaan dat weigert en steigert
bij zoveel misprijzen van de goede smaak.
Snot vliegt van de tegenstrevers naar hem toe,
hij weet eerst te ontwijken maar krijgt meteen daarna
zonder genade de volle lading in zijn oog.
En ziet dan via het vooralsnog gevrijwaarde oog

hoe wulpse vrouwen hun rood gestifte lippen
de kille lucht in tuiten, hoe zij gedreven
door de vleselijke overdaad aan beha-cup en
pronte tepels die stijf staan van de kou
te ver over de hekkens leunen en hem raken
met de manke erotiek van hun bedekte winterhuid.
Reclameborden duwen slogans in het oog,
luidsprekers galmen dooddoeners en namen,
bij een afdaling die naar Japanse kamikazes ruikt
stuiken lichamen als stukken slachtvlees neer,
een overhangende boom knalt een schouder stuk en
verschuilt zich dan in zijn vals cocon van schors.

Koers als openluchttentoonstelling van Vlaams expressionisme,
alom de gul geborstelde bruine tinten van Permeke,
de dwaze en bonkige koppen van Gustaaf De Smet en
in de getormenteerde gezichten der renners de gestileerde pijn
van de gebroeders Van de Woestijne,
vooral de uitgeteerde dichter Karel wist wat lijden is.
Met als orgelpunt van dit kleurenpalet spatjes Raveel
die op de truitjes hun helder sponsorwerk verrichten.

Nog één dag België

Nando Boers

S TRAKS staat de tijd weer stil, die nutteloze tijd. Vijf maanden geen koers. In België hebben we nog 48 uur over.

Vandaag rij ik van Ardoing naar Ichtegem. Het wordt vast een mooie dag. Het majestueuze *dofff* van de portierdeur; Engelse chic. Ik laat me zakken in het leer van de Jaguar.

Ouderwets koersen met Steven de Jongh, zoon van Noord-Holland, ploegleider van Sky. Wij zijn Sky en Sky is hier het sterkste team.

Dit is Circuit Franco-Belge, een etappekoers die is omgedoopt tot iets anders, een naam zonder betekenis nog, maar wat dondert dat?

We zitten tweede rij, achter de auto van RadioShack gaan we aan vandaag, als een rijdende loge, het commandocentrum, dit keer zonder elektronische middelen. De mond van de ploegleider moet het vandaag doen.

Dat Ichtegem nog maar lang op zich moge laten wachten, ja? Het ligt daar goed, aan het einde van het lintje dat zich over de kaart van Wallonië en Noord-Frankrijk slingert. Ik heb geen haast.

Ze leunen hier tegen garageboxen, ze slenteren met kind en wagen, ze dralen om de bussen. Een bleke man – de armen vol getatoeëerd – schuift langs de bussen, alleen. Ze bedelen om krabbels op fotokaarten. De fans.

Bonjour ici Radio Tour. Nog zes minuten voor de start, *merci. Une, deux, trois.*

Officiële start. *Bien voilá.* Nog even de remmen checken, een afloper. Succes Greg. Greg grijnst.

Ze noemen het maar zoals ze willen. Dit is de 71ste editie. Eerste in 1924. Eeuwigheid. De eerste Nederlandse winnaar was Koos Moerenhout, in 1996 pas.

Welkom bij de derde etappe, en we zijn wég. Het is koers. Voorlaatste etappe op Belgisch grondgebied dit jaar. Dat maakt weemoedig én gelukkig. Dat kan. Over een paar dagen rest louter nog de melancholie. Vooruit maar.

Ardoing-Ichtegem, aan de rafelrand van de wielerkalender, door het gootje van Europa. De gevels zijn hier grauw. Een dik meisje staat met een cola in haar hand voor de stoeprand. Uit haar keel klinkt glup. Frans gebied? Of is dit nog juist van de Belgen? De Schelde of de IJzer?

Het portierraam schuift omlaag. Steven schreeuwt naar de juryman in de auto die langszij komt. *'Kjell Carlström est à la maison, cause his wife is giving birth to their child.'*

'Okay?'

Ogen tekort, alle zintuigen open. Het peloton laat zijn bontgekleurde achterzijde zien, het danst voor ons uit, weg van het dorp, op naar de volgende plek. De honger naar het nieuwe voorjaar wordt nu al gewekt. Dat doet Franco-Belge met je. De renners hier zijn of doodop en uitgeknepen of ze zijn ongedurig, onrustig, nu al, de gulzigen, de liefhebbers van het opengereten landschap. Ze ruiken het verse gras al, nu het oude nog moet sterven. Rusteloos trappen ze in het pak.

Oud frietkotvet walmt de wagen in en dringt in het kalfsleer van onze Jaguar met antracietmetallic lak en die blauwe streep. Naar Ichtegem zullen we gaan, over die lange slingerende kilometers, langs de pover aangeklede grens. Alles is hier verwaarloosd en achtergelaten. Claustrofobisch is het hier in de winter, een hallucinatie om ver van weg te blijven. Maar niet op de voorlaatste dag van het Belgische wielerjaar. Als je hier bent, wil je hier blijven, maar dan moet vandaag voor altijd vandaag zijn en nooit gisteren worden. Nooit wil ik hier meer weg.

Aan de rand van de weg vlucht gevogelte in paniek weg. Roodbruine, herfstige fazanten rennen onhandig, als lage struisvogels. Ze struikelen bijna over de richels in de omgeploegde maïsakkers. De beulen Flecha en Rogers rijden op de kop. We weten het, maar we zien ze niet. De luchttrein voor in de finale staat vast: Stannard-Henderson-Hayman-Downing-Sutton.

De aarde stuift op, de razende tractoren houden een moment halt. Even happen ze met hun mechanische monden niet naar de maïsstengels in het gelid.

Straks, als de gesluierde buien Wallonië teisteren, ja, dan glimt de modder van de akker weer en zinken ze hier weg in een radeloze depressie. Kijk, daar, een eenzaam paard in een rommelig weitje – overdadig gras, wat bloemenkruid. Afbrokkelende paaltjes en van dat slordige Johnny Hoogerland-prikkeldraad.

Première attaque de journée, nummer 187.
Ah, Wim de Vocht.

Passage très dangereux. Rechterkant houden. Jezus, rotonde, rechts aanhouden. Mannen met vlaggen, fluittonen. Geloste renners, de weg loopt een beetje op. Oh valpartij, oh valpartij.
Chute-chutechutechutechute.
Garmin, het is er eentje van Garmin. Niemand, niemand, niemand. Niemand van ons. Linus, het is Linus. Niemand van ons.

De renner kruipt uit de sloot. Stroperige drek druipt naar beneden over zijn mooie shirt, het stroomt als vloeibaar kolengruis naar zijn zeiknatte kont.

Die van Garmin ligt niet best, maar hij beweegt nog wel. Mededeling, observatie. Zonder erg. Achterwiel voor Jelly Belly.
Jelly Belly!

Linus Gerdemann geeft op, zegt de koersradio. Gemiddeld 51 per uur.

Daar is Greg. Lek. Toet-toet. Wiel eruit, wiel erin, deur weer dicht, iedereen zit, gas.

Groot gat? Ja? Aan de zijkant? Vast een steen geraakt. Attant, attant. Hobbel de bobbel, Waalse weg. *Retour de Taylor Phinney. Back in the bunch after a puncture.*

Het is pissen geblazen nu, voor de hele kudde. Links en rechts, kriskras. En de bidons worden in het shirt gestoken, de drinkbussen rusten op de schouderbladen, bijeengehouden door het strak gespannen wielershirt. Hier zijn de pakezels. Ze houden hun handen in de lucht, de raampjes van de auto's glijden open, de stemmen klinken gejaagd. Toet-toeeettttttttttt. Mwwwwèèèpp! De Fransen en Russen gedragen zich hysterisch. Middelvingers.

Afgemeten woorden van renners aan het portier.
Hayman zegt: 'Ook Flecha is heel goed.'
Dashboard zegt: 1 oktober, 30 graden.
Flecha zegt: 'Dus we moeten op kop gaan rijden.'

Radio Tour: vijf op kop, voorsprong 2 minuut 28. We moeten nu gaan controleren. We hebben een massasprint nodig. Hayman zegt: 'Ik denk dat Michael vooraan al bezig is hoor.' Krrrttggttt. Koersradio. Attentie, *prudence*! Peloton aan de rechterkant alstublieft, slecht geparkeerde camion aan de linkerkant.

Sky. Team Sky!

Okay, *jajaja, j'arrive*. Greg? Wat is er loos?

Nee, joh, niets, niets. Ik ben goed. Ik zat te zwaaien naar Geert. Het gaat hard hè?

Oostnieuwekerke. Slecht geparkeerd vrachtwagentje. Chagrijnige chauffeur in de hoge cabine. Kutkoers.

Straks heb je alle tijd en ruimte, lulhannes. Straks is de tijd waardeloos, maar nu, alsjeblieft, mag het traag gaan? Ichtegem, blijf nog even uit de buurt. Blijf aan de horizon.

Zoemend rubber over asfalt, een briesje in je gezicht. Rije, jongens. Daar is toch het bord met Ichtegem. Vier keer rammen we door de straten, jagen het publiek op. Snelheid, vluchtheuvels, palen, stoepranden, dranghekken. Gaat net goed. Ook op links: de blote bronzen dame. Ze glanst op haar sokkel.

Tetter de tetter, de omroeper.

Sprint.

De koersradio zwijgt, juist nu hij moet melden wie de winnaar is.

Dan toch. Mmm. Hij is niet van ons.

Morgen weer zo'n dag.

De laatste dag in België.

Toen Daniels vader er even niet was

Marcel Rözer

Voorjaar 2009. De wind is sterker dan hij dacht. Een bord: Lelystad 23. En daarna? Daarna weet hij het niet meer. Emmeloord heeft hij op een bord zien staan. Dat kent hij nog. En dan moet hij verder, richting Groningen. Zijn vrouw had hem verbaasd aangekeken die ochtend. 'Groningen? Ga je fietsen naar Groningen? Hoe? Waarom?'

Saba had veel vragen, maar ze wist: soms komen er weinig antwoorden.

Even later was hij vertrokken, Amstelveen uit, de polders door. De eerste vijftig kilometer waren makkelijk. En mooi ook. In Almere had hij gewoond, bij pleegouders. Lieve mensen. Hij ziet zich nog die schutting in de tuin kapottrappen. Hij mocht 's avonds na achten niet meer op straat. Ach, hij was boos om alles toen. 'Jij bent een slecht voorbeeld voor onze dochter.' Hij moest op eigen benen leren staan, zijn eigen ding doen. Daar kon hij geen anderen bij gebruiken.

Dat hij nu toch weer op de fiets zit, is een heerlijk gevoel. Die power in zijn benen, hij zou zo weer mee willen in een peloton. Die geluiden als hij schakelt. Het ruikt naar fris gemaaid gras, een onbekende geur in Afrika. Soms staan er mensen langs de kant, boeren, scholieren in groepjes. Hij wil ze zijn kracht laten zien. Dit fietspad kent hij, daar bij dat kruispunt rechtsaf en na twee kilometer het Squashcentrum, het verzamelpunt van de Flevorenners.

Daar was hij lid van, toen hij nog maar net in Nederland was. Hij denkt er niet met veel plezier aan terug. Niemand die hem hielp, niet met materiaal, niet met informatie. Wat wist hij nou van het wielrennen in Nederland? Zijn vader had hier wel raad geweten. Hoe lang geleden was hij een Flevorenner? Hij telt. Een, twee, drie, vier, vijf, zes, zeven, acht jaar. Bij elke tel trapt hij de grootste versnelling rond.

Hij ziet in de verte een groepje toerfietsers. Die moet hij kunnen hebben voor de kruising naar Lelystad. Hoe zal Henok straks kijken als hij voor zijn neus staat? Hij doet even alsof hij demarreert uit een enorm peloton. Henok is zijn beste vriend, jammer dat hij zo ver weg woont. Henok was zijn eerste anker in Nederland. Hij zal het nooit vergeten.

Een maand lang had hij niet gesproken. Ja, zijn naam had hij verteld en woordjes als 'yes' en 'ja' en 'no' en 'nee', die begreep hij wel. Maar verder dan dat kwam het niet. Die aankomst in Nederland, een vreemde droom was het. Eerst twee dagen op Schiphol, witte mensen, de kou. 'Is dit Kenia', vroeg hij een donkere meneer. De man leek bang voor hem.

Twee dagen duurde het voordat een politieagent hem had aangesproken: een vijftienjarig donker ventje dat uit prullenbakken at en vluchtte als je hem aansprak. Via de douane kwam hij in een AZC. Eigenlijk was dat zijn eerste Nederlandse woord: aazetcee. Hij kwam geen landgenoten tegen. Niemand uit Eritrea, niemand uit Ethiopië.

'Waarom zeg je niets', had een tolk hem gevraagd. Hij had zijn schouders opgehaald. 'Weet niet.' Dat was zo'n beetje het enige dat hij wist; hij wist het ook niet. Hij scheurde de krant in tienduizend stukjes, urenlang. In zijn keel zat een grote brok dat hij elke dag, elk uur, elke minuut moest wegslikken.

Telkens speelde hij de film af. De film die zijn leven omver had gegooid. Hij was naar school in Mek'ele gegaan, die dag. Het regende, zijn moeder had nog geklaagd dat hij zijn sandalen schoon moest maken op de stoep, anders kwam hij er niet meer in. Dat was een grap. Zijn moeder maakte veel grapjes.

Zijn vader was al in de winkel aan het werk, toen hij naar school vertrok. Hij zwaaide, zoals altijd. Papa was zijn grootste fan. Bij de wedstrijden stond hij een eindje achter de finish, rustig, stil, maar o zo trots. Daniel won weleens, maar zijn oude crossfietsje was eigenlijk te slecht voor een eindsprint. En bijna alle vlakke koersen eindigden in een eindsprint.

Later bedacht hij dat papa niet had gelachen zoals anders. Hij had bezorgd gekeken. In Mek'ele was er onrust. De Ethiopiërs wilden de Eritreërs weg hebben. 'Volgens mijn opa kon je vroeger de grens zo oversteken', mijmerde zijn vader. De familie Abraham was sinds drie jaar in Ethiopië. In Eritrea was niets te verdienen.

Ze woonden eerst in Asmara, de hoofdstad. Hun winkel daar verkochten ze en ze vertrokken naar Mek'ele, driehonderd kilometer verder naar het zuiden. Een goede zet, de winkel liep goed.

Daniel was bang geweest dat hij het wielrennen zou moeten missen. Maar dat gebeurde niet. Integendeel, hier waren elke week koersen. Koersen waar veel toppers op afkwamen. Met zijn crossfiets struinde hij het parcours af. Als de renners voorbij kwamen, zocht hij een plekje tussen de toeschouwers. De TELE-ploeg was zijn favoriet. Wat hadden die jongens mooie fietsen. En een gaaf shirt.

Terug van school zag hij die dag niets wat hem opviel. De deur van de winkel was dicht, maar dat was in de middag wel vaker zo. Hij wilde naar binnen, maar vanaf de overkant zwaaide een buurvrouw naar hem. Dringend, zo leek het. Hij liep naar haar toe. 'Je ouders zijn een tijdje weg. Je moet naar je tante in Kenia. Jouw ouders komen daar dan ook naartoe.' Haar uitleg was kort. 'Kom, ik neem je mee naar de man die je zal brengen.'

Hij was haar gevolgd. In Afrika vráág je niet als volwassenen je zeggen iets te doen. Je volgt hun orders, ook al is het een buurvrouw. Een dag later zat hij in een Landrover, naast een man met een shirt van Manchester United. Hij stonk naar zweet. 'Ik breng je naar je tante', was alles wat hij zei. Op zijn hoofd droeg hij een koptelefoon waaruit gemurmel kwam. Het leek wel alsof hij naar een verhaal luisterde. De rit duurde uren, dagen, hij kon ze niet tellen. 'Waar is mijn moeder?' vroeg hij, zomaar opeens. De man keek hem verbaasd aan, morrelde wat aan de knopjes van zijn mobieltje. Een vette housebeat bromde door de auto.

In Kenia was er een tante. Was zij wel zijn tante? Hij vroeg naar zijn vader. 'Die is er even niet', snauwde ze. Ze bracht hem een dag later naar een man en een vrouw. 'Jij gaat met ons op reis', zei de man en nog dezelfde dag waren ze op een vliegveld. Hij zag vliegtuigen van dichtbij. Voor het eerst in zijn leven. Weer duurde de reis lang. Hij was verdoofd toen het vliegtuig landde. Hopelijk zou hij hier zijn ouders terugzien.

Hij was moe, versuft en kon niet navertellen waar de man en de vrouw zo snel naartoe verdwenen waren. Alleen in een vreemde wereld, stond hij urenlang stil in een hoekje. Niemand die hem zag, met hem sprak. Daarna huilde hij zachtjes, urenlang, maar weer was er geen mens die naar hem omkeek. Een donkere jongen gaf hem een fles water. Jammer, ze verstonden elkaar niet.

Even, heel even kwam hij uit zijn tunnel. Op een enorm beeldscherm zag hij beelden van een wielerwedstrijd. Alleen maar witte renners. Hij herkende niemand.

Emmeloord 35, staat er op een bordje. Dat valt mee. De wind is iets gedraaid. In de zwaarste versnelling kan hij tempo maken. Een boer heeft mest op het land gespoten. Een bromfiets neemt hem op sleeptouw. Het meisje op de brommer kijkt eerst boos achterom, maar als hij haar zijn lach laat zien, draait ze zich om. Hij is een mooie jongen.

In Emmeloord wordt het lastig. Hij kijkt waar de zon staat. Groningen is in het noordoosten, dus hij moet die kant op. Zijn vinger wijst alsof er iemand meekijkt. Weer fietst hij – wind mee nu – hard. Een half uur later staat hij op een kruispunt, linksaf, rechtsaf, en schuin rechtdoor? Hij weet het niet. Er staat nergens een bord. Hij ziet een vrouw in trainingspak met een enorme hond. 'Mevrouw, ik moet naar Groningen', zegt hij in zijn beste Nederlands. De vrouw kijkt hem aan. Wordt ze voor de gek gehouden?

Ook zij valt voor zijn blik. Ze pakt haar mobiele telefoon en belt. 'Zeg, jij weet toch hoe je van hieruit met de fiets naar Groningen komt?' Ze luistert en even later: 'Kun je niet even die jongen op het goede spoor zetten?' Aan de andere kant klinkt tegenwerking, maar na een paar dwingende woorden zegt ze: 'Wacht hier, hij komt eraan.'

Met een brede glimlach fietst hij even later achter een volkswagenbusje aan, de chauffeur is een dikke Nederlander met twee enorme oorbellen en een kale kop. Via een groot aantal kleine weggetjes rijdt hij een half uurtje later Heerenveen binnen. De auto toetert, draait en rijdt weg. 'Van hieruit kan het niet meer missen.'

Maar even later staat hij weer naast zijn fiets. Een kruispunt, alleen maar weilanden, sloten, koeien. In het dorp helpt niemand hem. Mensen zijn kortaf, luisteren niet naar zijn vraag en wijzen soms al een kant op voordat hij het woord Groningen noemt. 'Dit is Friesland, jongen', mompelt een vrouw in een knalrood jasje. Eindelijk vertelt een oude man hem de weg. Hij schrijft een aantal namen op een papiertje. Bakkeveen, Zevenhuizen, Leek en dan, in de verte een stad. Een grote kerktoren, een aantal hoge gebouwen. Groningen. De straat van Henok is makkelijk te vinden. Ze omhelzen elkaar met een schaterlach.

Henok was de eerste met wie hij weer kon praten. Ook uit Eritrea, net als hijzelf. Jongens waren ze nog, vijftien, zestien. Henok wist veel. Over hun ouders – 'die zijn dood' – en over Nederland. Ze gingen naar pleeggezinnen. 'Maar we gaan elkaar zien', bezwoeren ze.

Het had lang geduurd voordat Daniel zijn leven weer op orde had. Zijn pleegouders had hij het moeilijk gemaakt. 'Praat dan', zeiden ze. 'Zeg iets!' Nadat hij weer eens tot diep in de nacht op pad was geweest, stuurden ze hem weg. 'Als jij je niet aan de regels houdt, kun je hier niet blijven.' Hij was op zichzelf gaan wonen, drie straten verderop.

De man had een advertentie opgehangen in de supermarkt. 'Je mag komen wonen', zei hij meteen. Zijn adem stonk naar alcohol, in zijn huis rook het naar geiten. De eerste nacht struikelde Daniel in de gang over iets groots en zwaars. De man lag te slapen. Het duurde wel een kwartier voordat hij hem in zijn bed had.

De man liet hem zijn gang gaan. Van zijn vader en moeder hoorde hij nooit meer iets. Hij moest alleen verder. Vrijheid, dat had hij nodig. Niet de vrijheid van het fietsen, maar andere vrijheid. Hij ging de sportschool in en begon als een gek te trainen. Hij werd een feestbeest. Hij hield van dat gekke Nederlandse woord. 'Ik ben een feestbeest', zei hij en joeg menig meisje het hoofd op hol. Zij wilden wel zo'n feestbeest. OGCJM, liet hij op zijn onderarm tatoeëren. *'Only God Can Judge Me.'*

En toen kwam Saba. Zijn mooie Saba. Ook uit Eritrea. Woonde al lang in Nederland. 'Jij wordt de moeder van mijn kinderen', zei hij. En zo ging het. Hij wilde weer een gezin zijn.

Het werd oudejaarsavond. Het was bijna 2009. Met zijn vrienden ging hij die avond oudjaar vieren. 'Verzamelen na twaalven bij café 't Mandje aan de Zeedijk.' Stappen deed hij niet vaak meer.

Om kwart over twaalf stapte hij op zijn oude wielrenfiets. Saba ging slapen. 'Wees voorzichtig, ze zijn nog bezig met vuurwerk', zei ze.

Waar het gebeurde, hij weet het niet meer. Maar opeens fietste hij hard, ont-zet-tend hard. Hij voelde de koude wind niet meer. Op het buitenblad zoefde hij voort. Hij voelde dat mensen naar hem keken vanuit de tram. Dit was geen fietsen, dit was wielrennen. Zijn longen gingen open. En zijn hart, ja, zijn hart ook.

Juichend landde hij in zijn vriendengroep. 'Jongens, ik word weer wielrenner', riep hij. Niemand vroeg hoe. De anderen sloegen hem op de schouder. Henok keek hem aan. 'Op het leven', zei hij. Ze dronken veel. En ze dronken anders nooit.

Op de terugweg, hij weet niet meer hoe laat, was hij nog steeds wielrenner. Hij ging bruggen over, tunnels door, ontweek mensen en demarreerde van achter een scooter. Daarna ging het mis. Een flauwe bocht en zijn voorwiel gleed weg. Hij voelde hoe zijn hoofd over het asfalt schuurde. Met een ambulance werd hij thuisgebracht. Saba schrok enorm, maar ze zag ook zijn lach. 'Ik ga weer fietsen', mompelde hij.

En zo begon zijn leven als wielrenner. Kleine stukjes eerst. En al snel kon hij mee met de besten bij Wielervereniging Sloten. Hij hoorde over een wielerploeg met allemaal buitenlanders: Marco Polo Cycling Team. Hij raapte al zijn moed bij elkaar. Op de website stond een telefoonnummer. 'Dag, met Gudo Kramer', klonk het. 'Hallo meneer, met Daniel Abraham. Ik wil profwielrenner worden. Hoe moet ik dat aanpakken?'

De man was vriendelijk. Waar hij had gefietst? En hoe was hij er zo zeker van dat hij goed kon wielrennen? Het was een fijn gesprek, eindigend met de afspraak dat ze elkaar zouden ontmoeten. En dat hij een paar keer mee zou trainen. Het gevolg was dat hij een test mocht doen. 'VO2-max... Nooit van gehoord.'

'Je bent goed', zei de man, Kramer, daarna. 'Je kunt bij ons komen fietsen.'

Hij trainde veel. Op een dag kwam hij langs een asielzoekerscentrum. Voor de poort stonden Ethiopische mensen. Zijn hart sloeg over. Een vrouw leek op zijn moeder. Hij had ze gezocht, zijn ouders, maar niet gevonden. Hij sprak er met niemand over.

En zo begon hij aan het wielerseizoen 2011. Vader van Joël, Joshua en Julia, man van Saba, lid van de Marco Polo-ploeg en logistiek medewerker op Schiphol. Hij was belangrijk geworden voor zijn ploeg. Drie Chinezen, twee Nieuw-Zeelanders, een Tsjech, een Australiër, twee Belgen. Een bont gezelschap. Met Leon van Bon en Matthé Pronk had hij twee kapiteins die hem verder hielpen. Van Bon kende hij nog van de Tour de France. 'U bent beroemd', waren zijn eerste woorden tegen Van Bon. Die sloeg hem op de schouder en zei dat hij normaal moest doen. In de finale had Van Bon menig keer bidons voor hem gehaald. Hij dacht dat hij droomde.

'Daniel, er komen twee jongens uit Ethiopië bij ons stage lopen. Die moet jij begeleiden. Lukt dat?' vroeg Gudo, de teammanager. Het was april 2011. Natuurlijk wilde hij dat. De jongens werden aan hem voorgesteld: Estifanos Gebreselassie en Solomon Shiferaw. Helden in hun eigen Ethiopië, maar in Europa waren het niet meer dan meefietsende bezienswaardigheden. De eerste koersen waren een ramp. En toen waaide het nog niet eens.

'Vandaag komt er een journalist', vertelt hij zijn vrienden in de auto naar de Ronde van Gullegem. Het is 31 mei 2011, de zon schijnt. Henok en Habtom gaan mee wanneer ze kunnen. Henok is zijn privéchauffeur. Hij verdient zijn geld als kapper. Habtom moet eerst de taal nog goed onder de knie krijgen. Hij wil ook verder in het wielrennen.

Als ze aankomen, staat de ploegleiderswagen al op de parkeerplaats. Estifanos en Solomon zijn vrolijk, ze hebben het hoogste woord. Daniel weet wat hun te wachten staat, maar houdt zijn mond. Dit wordt afzien. De deelnemerslijst is indrukwekkend en er staat een stevige bries. Dat wordt knokken in de waaiers.

De inschrijving is in café Merlijn. Het is al druk. Aan de bar drinken dikke mannen in wielershirts bier. Sponsornamen staan strak gespannen rond gemoedelijke lijven. Iemand tikt op zijn schouder. Een kleine man met een borstelsnorretje heeft een map onder zijn arm. Hij stinkt naar sigaren. Of hij een foto mag maken? Ja natuurlijk. 'En wie zijn die andere negers?'

Het geroezemoes in de kroeg verstomt als ze met zijn drieën naar de inschrijvingstafel lopen. Dat is hij wel gewend. De Ethiopische gasten kijken de mensen lachend aan. Ze zetten handtekeningen, grinniken niet begrijpend om vragen. 'Jullie doen toch aan hardlopen?' En ze maken zelf grappen over de dikkerd die zijn buik over een van de dranghekken heeft gehangen. 'Die krijgt vandaag niets te eten.'

'Wij zijn een vrolijk volk', zegt Daniel tegen de journalist.

Dan is er een oploopje. 'Tom Boonen komt', zegt een man met een pioenrood hoofd. Hij zweet. Estifanos en Solomon kijken hem vragend aan. 'Tombonnen', bauwt Solomon de man na. Estifanos ligt helemaal dubbel. De man schudt zijn hoofd, er vallen druppels rondom. '*Worldchampion*', zegt hij en hij toont de beide Ethiopiërs een foto van Boonen in de regenboogtrui. De mannen fluiten zachtjes tussen hun tanden. 'Aaaah worldchampion', mompelen ze, nu vol bewondering.

Terug bij de ploegleiderswagen maken ze zich klaar voor de koers. Daniel neemt de twee apart. 'Let op, het is vanaf het begin koers. Het is vlak, er zijn 33 ronden en op het lange stuk zetten ze je in de wind. Dan moet je in de waaier rijden en dat is een kunst op zich.' De mannen lachen. 'Waaierrr', apen ze hem na. 'Wat een grappig woord. We hebben er zin in.'

Ze verzamelen bij de start. 'Dames en heren, graag een minuutje stilte voor Wouter Weylandt, die hier vorig jaar won en zoals u allen weet overleed in de Giro.' Op het podium buigt de Quick-Stepploeg als één man het hoofd, de massa rondom doet hetzelfde. Een merel zingt in de stilte. Een jonge sportman hoort niet te sterven. De Ethiopiërs kijken met grote ogen om zich heen. Daniel legt uit, ze slaan een kruis. Als een zomerregen daalt daarna een applaus over Gullegem.

Dan gaat alles razendsnel. De ploeg van Weylandt is van het podium af en de speaker neemt het woord. 'Als Quick-Step klaar is, kunnen we vertrekken.' Kennelijk vatten de mannen bij de starthekken dit op als hun signaal. De hekken gaan aan de kant en wat Daniel vreesde gebeurt: ze worden aan alle kanten voorbijgereden. In volle sprint stuift het peloton Gullegem uit. Vier kilometer blijven ze buiten het dorp. Dan volgt er een lus door de straten en zijn er weer drie kilometer buitenom.

Bij de eerste doorkomst sprint het voltallige peloton naar een volgende bocht, op drie renners na. Ze komen alle drie uit Afrika. Daniel zelf zit met een leeglopende achterband. Estifanos en Solomon zijn er simpelweg afgereden. Ze kijken bang om zich heen. 'Dit kan niet', hijgt een van hen.

Na afloop van de koers zit de Marco Polo-ploeg rondom de bus. Sven De Weerdt heeft het het langst volgehouden. De rest is al eerder afgestapt. Estifanos en Solomon als eersten. 'We zijn erg geschrokken', laten ze Daniel vertalen. 'We wisten echt niet wat er gebeurde.' Door de luidsprekers klinkt ver weg de huldiging van winnaar Philippe Gilbert. 'Het is niet de minste die gewonnen heeft', legt Daniel uit. Hij probeert de vragen van de journalist te vertalen. De Ethiopische renners snappen de vragen niet of willen ze niet snappen. De journalist zegt: 'Daniel, ik wil graag een keer bij je langskomen om ook jou te interviewen.'

En zo zitten een dikke maand later manager Gudo Kramer, de journalist en drie Afrikaanse vrienden om de tafel, Daniel, Hanok en Habtom. Saba rommelt wat in de keuken, op tafel lege borden. 'Het was verrukkelijk.'

'Weet je nog in Gullegem', zegt de journalist. Lachend laten ze de scènes nog eens de revue passeren. 'Na één ronde was de wedstrijd voorbij.' 'Maar Estifanos won wel de GP Eddy Merckx', verdedigt Gudo Kramer zijn stagiair.

Dan begint het interview en komen er vragen. Veel te veel vragen die niet over wielrennen gaan. 'Wanneer hij uit Ethiopië wegging? Hoe die tante heette? Of hij ooit terug wil? Weet hij het graf van zijn ouders? Wil hij erheen? Hoe heette zijn vader? Was hij actief in een vorm van verzet? Hoe zit het eigenlijk met de verhouding tussen Ethiopië en Eritrea?'

Pfff, hij zucht diep om aan te geven dat de vragen moeilijk zijn. Maar de journalist reageert niet. Hij vraagt door. En hij is de gast, dus probeert Daniel zo goed mogelijk te antwoorden. Zijn vrienden kijken naar buiten. Hanok tikt ongeduldig met een pen op de tafel. Na twee moeizame uren is het voorbij. 'Meneer', zegt Hanok. 'Meneer, ik vond u onbeleefd.' De journalist is verbaasd. 'Zo doen we dat bij ons niet. Wij praten alleen over leuke dingen.' De man kijkt nog verbaasder. 'Jullie kenden het verhaal van Daniel toch wel', vraagt hij. Ze schudden het hoofd. 'Ik zeg toch: we vragen niet.'

In de weken die volgen denkt Daniel na over die Nederlanders die zoveel praten en vragen, en overal problemen zien. Die maar zelden echt vrolijk zijn. En die zo rijk zijn dat je het bijna niet meer kunt uitleggen aan mensen uit Afrika.

Maar hij denkt ook aan zijn ouders. Hoe zeker weet hij eigenlijk dat ze dood zijn? Als het zo is gegaan zoals met veel Eritreërs in Ethiopië, dan zijn ze dood. Maar wie weet? De onzekerheid begint weer aan hem te knagen. Al eerder zocht hij. Wat als ze toch nog leven? Waarom zou hij niet proberen achter de waarheid te komen?

Dan krijgt hij via Facebook een bericht van Estifanos, die terug is in Ethiopië. Hij neemt een besluit en tikt een bericht terug. Legt uit wat hij zoekt. Of ze hem willen helpen. Hij mag het land immers niet in.

Wekenlang stromen er berichten over Facebook. Estifanos zoekt eerst in Mek'ele. Zijn netwerk bestaat uit wielrenners en die zitten overal; er zijn koersen door het hele land. De vraag verspreidt zich als een inktvlek. Op 10 november komt het bericht: 'Je vader is dood. Het is bevestigd door de politie. Je moeder is verdwenen.' Daniel kan er niet eens om huilen, zijn tranen zijn op. Hij piekert veel. Het najaar in Nederland nadert, hij vreest de donkere tijd.

Dan is er een bericht van Estifanos. 'Je moeder schijnt de grens te zijn overgezet. Als ze nog leeft is dat in Eritrea. Volgende week is er een koers in Asmara. Ik ken renners die daar meedoen. Zij gaan zoeken.'

Mijn moeder is dood, denkt hij weer, anders zou ze toch al lang contact hebben gezocht? Hij heeft spijt van deze zoektocht. Valse hoop doet zoveel pijn.

Op een stille donderdagmiddag in november zit hij thuis. Het is te koud en te mistig om te fietsen. Buiten wordt alles gedempt, geluiden, kleuren. Hij zet zijn laptop aan. Saba is in de keuken bezig, de kinderen stuiteren door de kamer. Ze spelen sinterklaasje. Er is een bericht op Facebook.

Hij begint te lezen, maar komt niet ver. Er zit een schimmige foto bij, een vrouw op een stoel voor een huisje. Hij tuurt nog eens naar het scherm. Kent hij die vrouw? Zijn zoontjes maken ruzie, Saba sust. Dan kijkt ze hem aan. Hij wijst naar het scherm. 'Ze leeft', fluistert hij nauwelijks hoorbaar. Saba loopt op hem af. Ze leest en terwijl hij zacht begint te huilen legt ze zijn hoofd op haar schouder.

'Ze leeft.'

Het universele van plezier. De totale overgave.

Bert Wagendorp

Ilona Kamps heeft een wielerhart. Op haar twaalfde stond ze langs de kant, toen de Tour de France – gestart in Leiden en op weg naar Sint Willebrord – langs Delft raasde, waar ze woonde.
Maar voor het echte werk moest je naar de Alpen, zei haar vader. Diezelfde zomer nog lag ze met een camera in de berm en fotografeerde ze haar eerste wielrenners in volle beklimming. Hennie Kuiper was haar grote held.

Maar ze gingen vanuit Delft ook naar de Ronde van Pijnacker, en dat vond ze net zo prachtig. Het is niet meer overgegaan, de passie. Voor de fiets, het fietsen en de wereld van het cyclisme.
De eenvoud van het wielrennen en zijn atleten spreekt haar aan. Er is geen andere sport die zo open en toegankelijk is. Misschien dat het een klein beetje is veranderd, maar ze kan nog steeds bijna overal binnenstappen. Ze zijn er aardig.

Zelf fietste ze ook, en niet slecht. Er zijn in de Alpen en Dolomieten geen beklimmingen van belang die ze niét heeft gedaan. In die tijd zat ze wekelijks tien tot vijftien uur op de fiets en reed grote en kleine cyclo's. Dat doet ze nu niet meer. Ze fietst als ze zin heeft – het gevoel van tevredenheid na een inspanning wil ze niet missen.

Dus toen ze in 1989 haar fotografieopleiding had afgerond en freelance fotografe werd, was het niet zo vreemd dat wielrennen een van haar onderwerpen werd. Het gaat haar daarbij niet in de eerste plaats om de sport – ze is geen sportfotograaf – maar vooral om de mens. Waar kun je die dieper in zijn ziel kijken dan in volle inspanning op een berg? In welke andere sport moet je zo hard werken om je te kunnen handhaven?

In het vroege voorjaar van 2010 was ze in Kampala, Oeganda. Toen de nationale wielerbond hoorde dat er een Nederlandse fotografe naar de Ronde van Oeganda zou komen, maar dat die op de dag van de koers alweer weg zou zijn, haalden ze de wedstrijd speciaal voor haar een week naar voren. Na afloop moest ze het podium op, om te speechen. 'Ik ben ook maar gewoon een fotograaf', zei ze. Maar dat zagen ze daar toch anders. Haar aanwezigheid gaf de koers cachet.

Alles was er anders, maar wat haar vooral opviel, waren de gelijkenissen. Ze zag het universele van plezier. De totale overgave. De mannen die blij werden, omdat ze iets heel goed konden. Er reden jongens rond op gewone zware fietsen, gasten die hun brood verdienen met de fietstaxi. Ongelooflijk sterke kerels, die het heel lang volhielden tegen de coureurs op racefietsen.

De jongen die won, in zijn bolletjestrui, heette Joseph Mayanja, de kampioen van Oeganda. Die was echt goed. Toen de anderen zagen dat hij ook meedeed, wisten ze genoeg. Toen keken ze zoals verliezers overal kijken: vandaag voor de tweede plek.

Zielig, die renners zonder racefiets? Ze vindt van niet. Ze wil überhaupt geen moralisme in haar foto's. Ze is een passant, ze kijkt en ze registreert wat er gebeurt. Ze kruipt in haar onderwerp, je zou haar bijna een participerende fotograaf kunnen noemen.

Ze stond een keer op een klim in de Ronde van Lombardije. Was er een andere fotograaf die met twee jongens had afgesproken dat ze met de koploper zouden gaan meerennen. Wist ze niet. Toen de renner er aankwam, begon zij uit puur enthousiasme met haar camera in de aanslag óók mee te hollen – verpestte ze de foto van haar collega.

Ze werkt aan een serie over de passies van het wielrennen. Daarvoor wil ze ook nog naar Bolivia. Er schijnt daar een renner te zijn die absoluut onverslaanbaar is op hoogtes boven de 4000 meter. En ze wil iets gaan doen met het thema 'knechten'. Als iemand van wielrennen moet houden, dan is het toch de knecht. Dat wil ze vastleggen.

Misschien dat ze er ooit een boekje van uitgeeft. Wat Stephan Vanfleteren heeft gemaakt over de Flandrien, zo'n boekje. Niet zo'n grote dure stoeptegel, daar houdt ze niet van.

Toen de Tour de France in Rotterdam was gestart, zag ze de dagen erna overal in de stad kleine jongetjes op fietsjes over straat raggen. Dat vond ze mooi. Kijk, dacht ze, zo ging het ook toen ik zelf nog klein was. Je ziet iets dat je mooi vindt, en dan wil je het zelf ook. En dat kan dan zomaar je hele leven bij je blijven.

De Ronde van Oeganda

Ilona Kamps

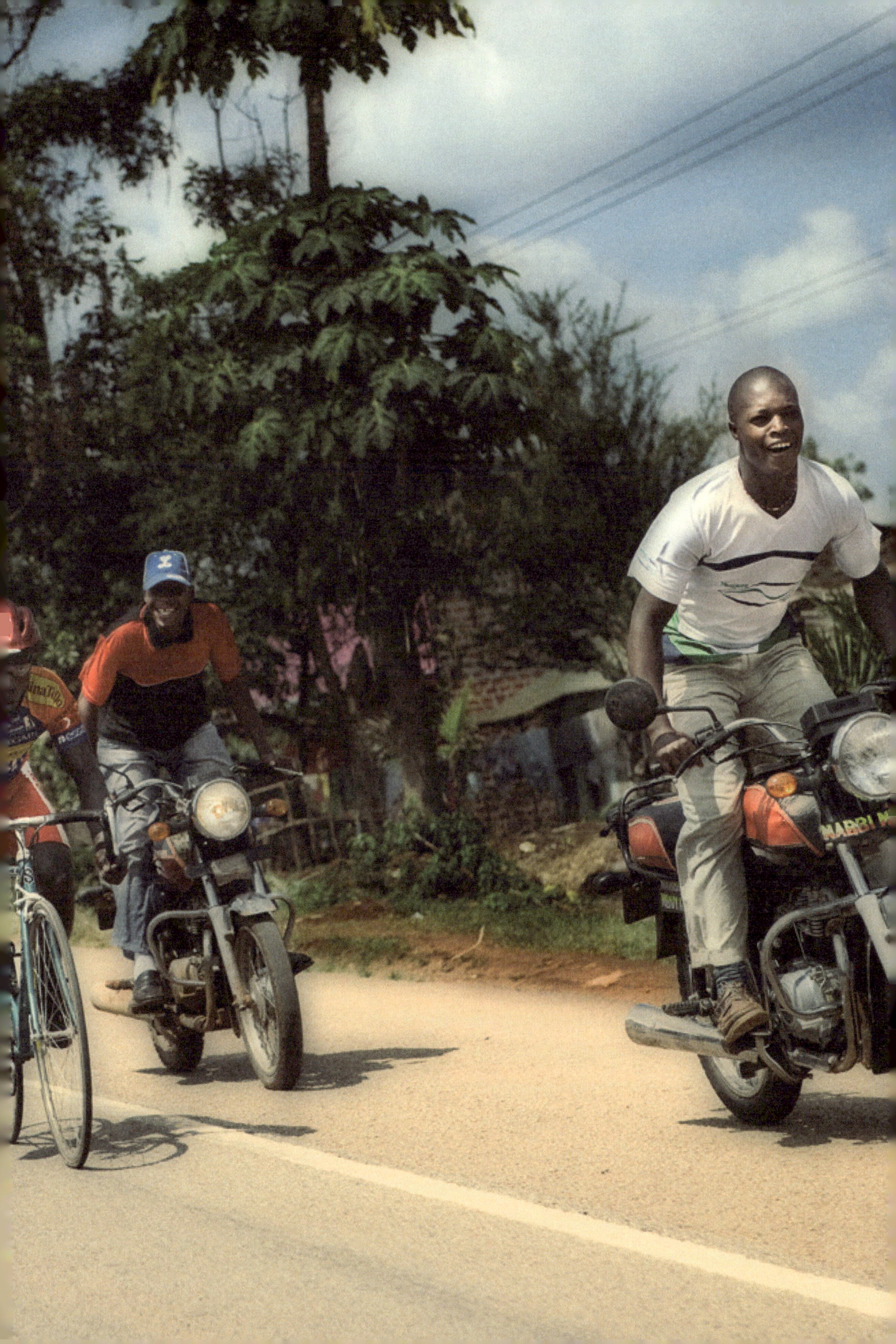

ILONA KAMPS

LUBYA YOUTH MANPOWER DEV'T AGENCY {LYMPDA}

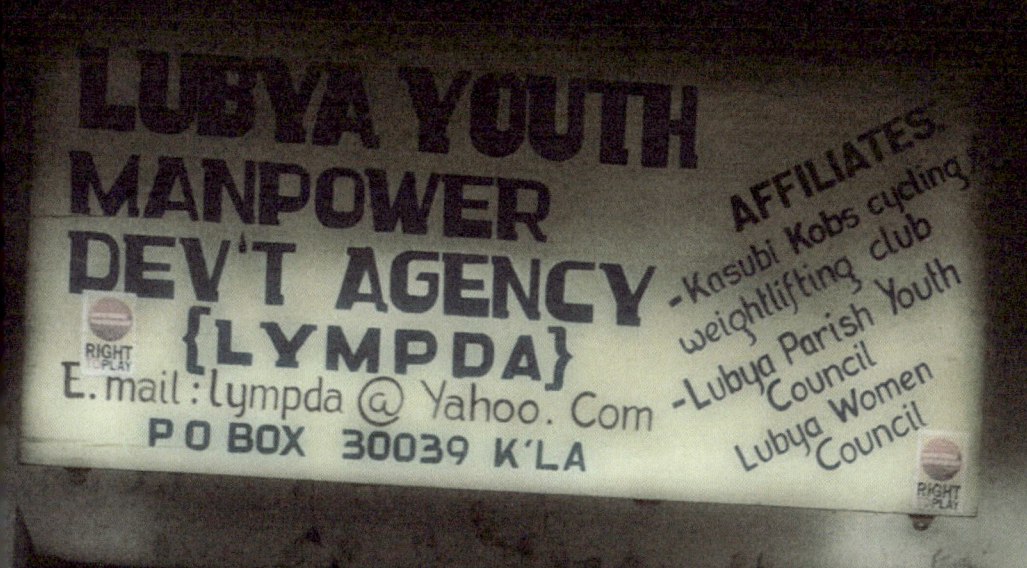

E.mail: lympda@Yahoo.Com
P O BOX 30039 K'LA

AFFILIATES:
- Kasubi Kobs cycling / weightlifting club
- Lubya Parish Youth Council
- Lubya Women Council

ILONA KAMPS

DE RONDE VAN OEGANDA

065

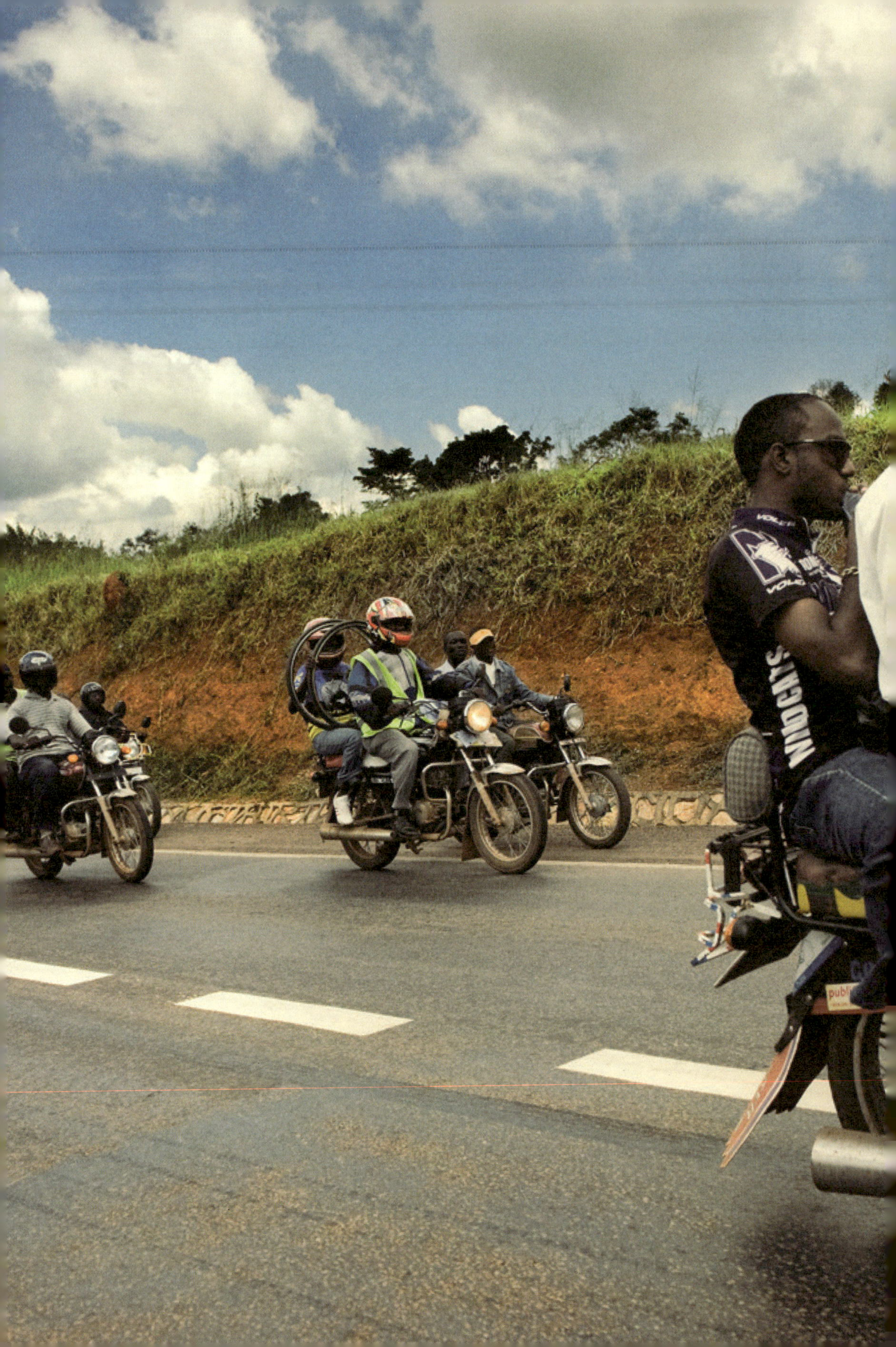
WILDCATS

DE RONDE VAN OEGANDA

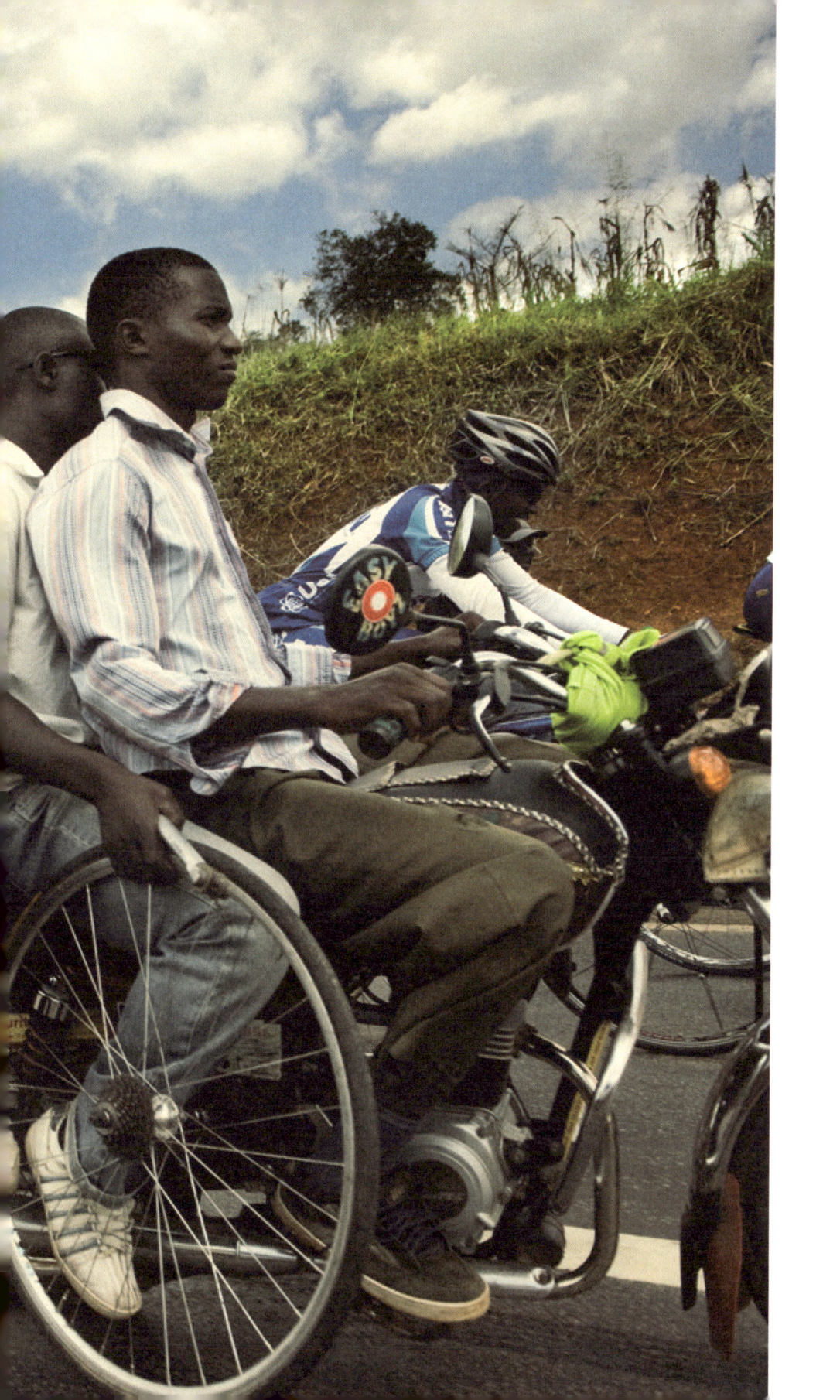

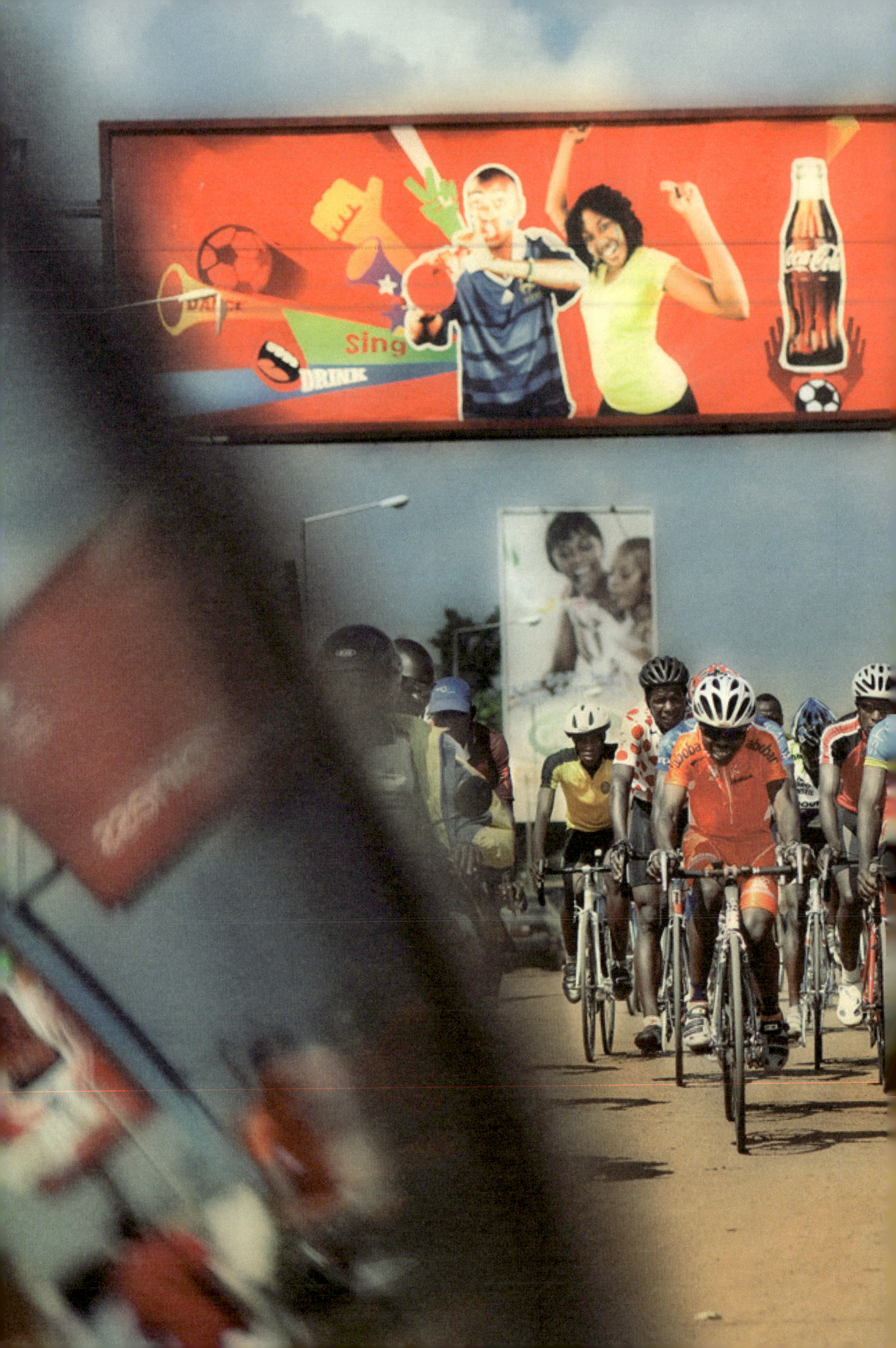
Sing
DRINK
Coca-Cola

Official
FIFA
Partner
pen happiness
2010 FIFA
WORLD
CUP
Coca-Cola
Kireka

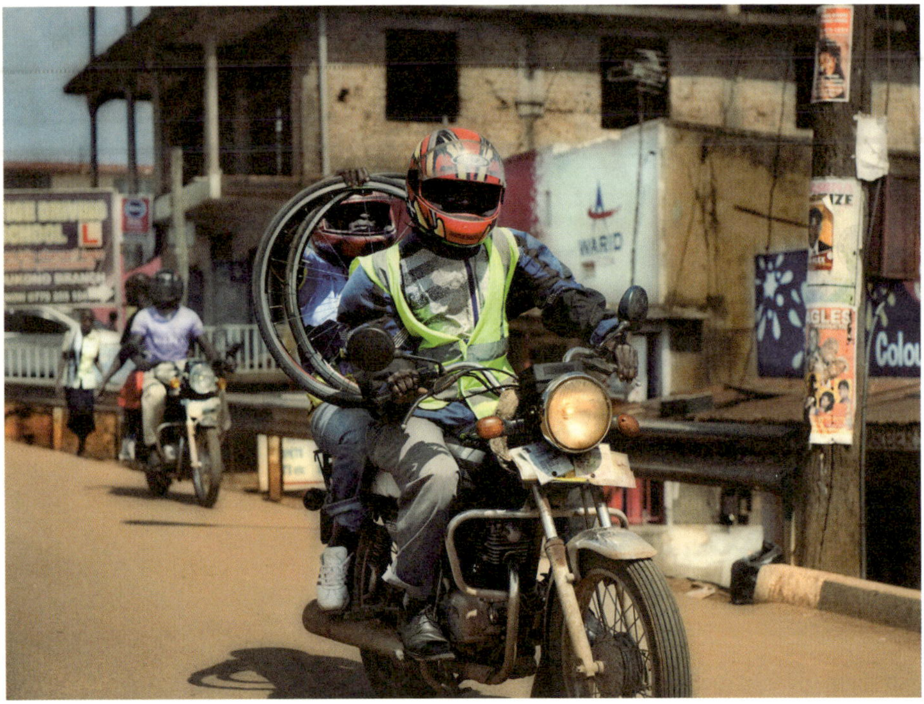
WARID

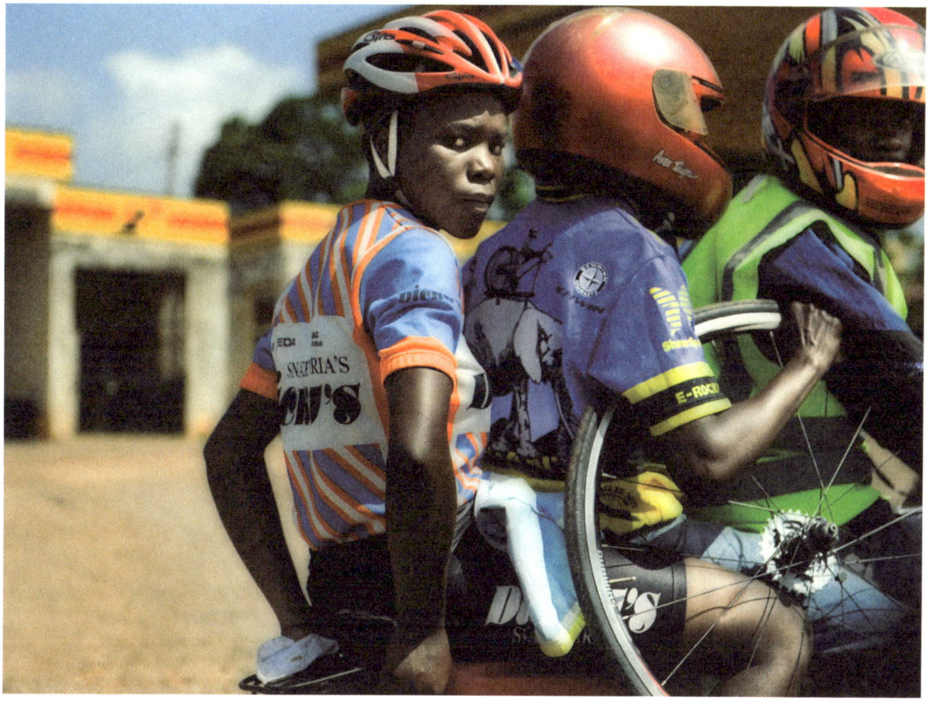

ILONA KAMPS

DE RONDE VAN OEGANDA

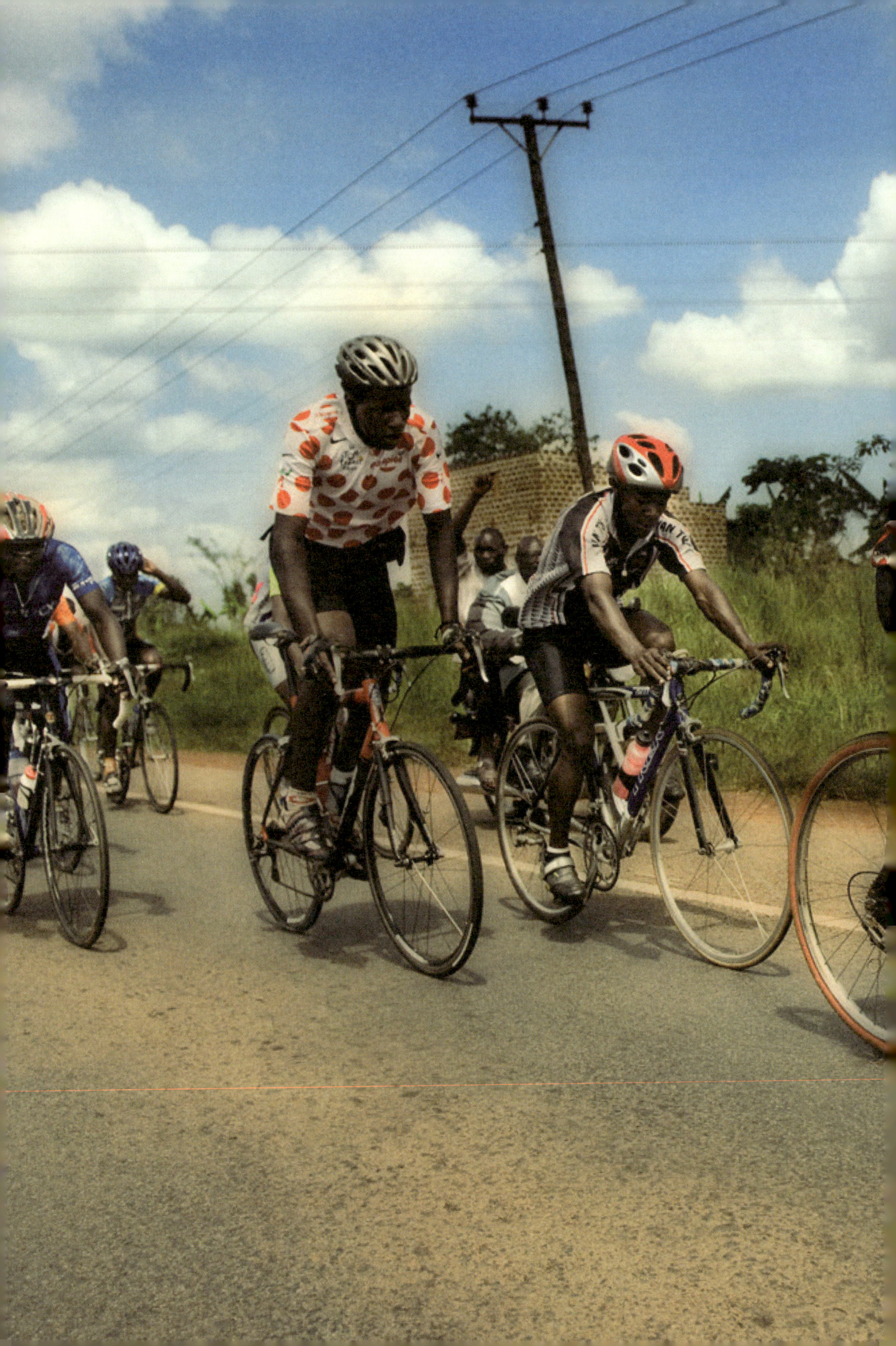

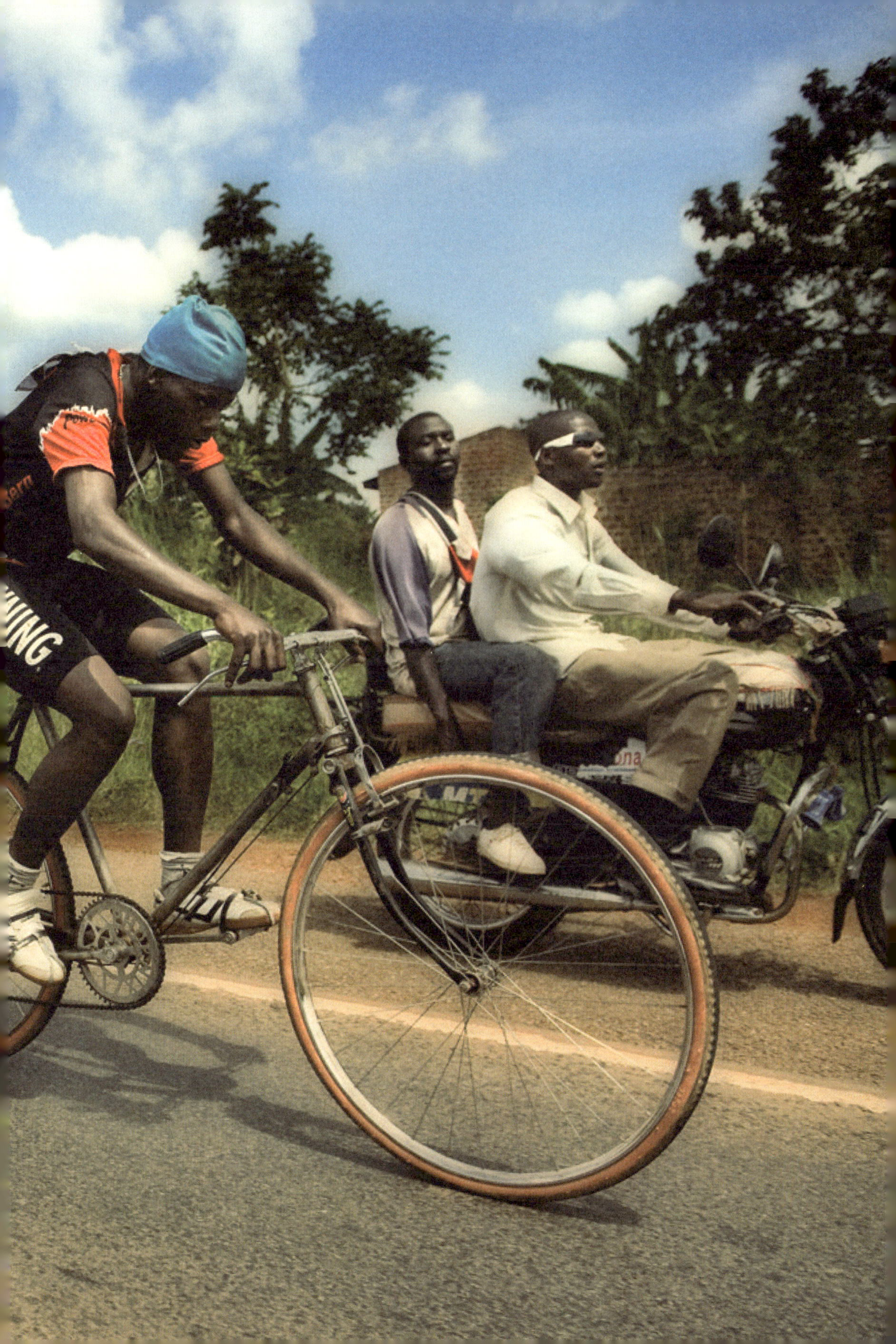

Ontsnappen in Iran

Ruurd Edens

Zo, gouverneur Bayghi van de Noord-Iraanse provincie Oost-Azerbeidzjan is er eindelijk. De 26ste *International Cycling Tour of Azerbaijan* kan officieel worden afgesloten. De opgeluchte hoogwaardigheidsbekleders op de eerste rij van het hotelzaaltje in Tabriz staan op en buigen diep. De twee parlementsleden, de burgemeester, de politiechef, het hoofd van de verkeerspolitie en de directeur van de Rode Halve Maan proberen elkaar te overtreffen in nederig groeten. Na de plaatselijke ayatollah is Bayghi de belangrijkste leider in de regio, die kun je maar beter te vriend houden.

De streng kijkende man – vroeger iets hoogs bij de religieuze politie – neemt op het podium plaats achter een katheder. Hij kijkt opzij, ja de tolk die zijn woorden in het Engels moet vertalen, staat op zijn post. De aanwezige UCI-officials, wielrenners, ploegleiders, mecaniciens binnen- en buitenlandse journalisten (*cycling magazine De Muur from Holland*) zitten klaar voor het feestelijk slotwoord. De gouverneur bedankt de wedstrijdleiding voor de voortreffelijke organisatie: de provincie heeft zich van haar vriendelijkste kant laten zien, de renners uit binnen- en buitenland waren ambassadeurs voor hun sport, de televisiebeelden werden in heel Iran vertoond, godzijdank is niemand gewond geraakt.

De koersdirecteur glimt van trots, met zulke complimenten kun je voor de dag komen. Maar dan verdwijnt de grijns van zijn gezicht. Bayghi slaat een serieuze toon aan. 'Ons land staat onder druk van het Westen. Iran wordt als schurkenstaat afgeschilderd, dat is schandalig! De propaganda van de arrogante supermachten moet weersproken worden!'

Dag 5 in Shabestar. Een jongenskoor zingt geestelijke liederen, voor een publiek van plaatselijke notabelen, belangrijke leden van het organisatiecomité en eregasten. Foto Ruurd Edens

De renners uit het buitenland zitten er ongemakkelijk bij, dit is nieuw voor ze. Stefan Schumacher checkt de berichten op zijn iPhone, Daryl Impey kijkt op zijn horloge en Björn Thurau – de zoon van Didi – neemt een hap van een Nutsreep. Davide Rebellin kijkt al de hele tijd glazig voor zich uit, hij spreekt geen Engels.

Gouverneur Bayghi fulmineert verder: 'Jullie moeten thuis de waarheid vertellen. Iran kan even goed als westerse landen internationale evenementen organiseren, misschien nog wel beter. En onze topsporters staan op hetzelfde niveau als westerlingen.'

Met een laatste boodschap ('*Our peace greetings to your nations!*') sluit de gouverneur zijn donderspeech af. Hij krijgt nog snel een ingelijst en gesigneerd wielershirt in de handen gedrukt, tovert voor een fotograaf even een lach op zijn gezicht en loopt de zaal uit, een stoet onderdanige begeleiders achter zich aan. De tolk blijft achter. Hij haalt diep adem, wrijft het zweet van zijn voorhoofd en zet een flesje water aan zijn mond. Aan hem zal het niet liggen als de woorden van Bayghi hun doel niet bereiken.

Dag 1: Proloog in Tabriz

In Tabriz, in grootte de vierde stad van Iran, doet weinig vermoeden dat er een internationale wielerronde op het punt van beginnen staat. Hier en daar is een spandoek opgehangen, maar ze vallen niet op tussen de talloze portretten van geestelijk leider Khamenei en zijn heilige voorganger Khomeini.

Tabriz is de thuisbasis van de belangrijkste ploeg van Iran, het Tabriz Petrochemical Cycling Team. Sponsor Tabriz Petrochemical, een semistaatsbedrijf, maakt plastic voor ondernemingen en speelt een belangrijke rol in de regionale economie. De baas van de plasticfabriek, de altijd in een duur pak gestoken directeur Mamaghani, steekt graag geld in succesvolle sportploegen, dat is goed voor het imago. Een wielerploeg sponsoren kost in Iran niet veel, de beste wielrenners hoef je maar een fractie te betalen van het salaris van een modale voetbalprof in Iran. Naar verluidt geeft de fabriek een dikke half miljoen dollar per jaar aan de renners uit, een bedrag dat anders aan de belasting had moeten worden afgedragen.

De drie beste wielrenners van het land staan er onder contract: Ghader Mizbani, Hossein Askari en Mehdi Sohrabi. Ook buitenlanders rijden voor Tabriz Petrochemical. De Duitse renner Tobias Erler maakt al een paar jaar deel uit van de ploeg en dit jaar is de Oostenrijker Markus Eibegger aangetrokken. Eibegger reed in 2010 nog de Tour en de Giro voor Footon-Servetto. Erler en Eibegger zijn van grote waarde, de Iraanse renners leren van hen professionele trainingsmethoden.

Pas op tweehonderd meter afstand van de start van de Ronde van Azerbeidzjan, ergens aan de rand van Tabriz, zie je dat een gedeelte van een drukke vierbaansweg is afgesloten. Een van de binnenste rijstroken doet vandaag dienst als proloogparcours, op de andere staan de wagens van de ploegen geparkeerd. Aan weerszijden dendert het stadsverkeer voorbij alsof er niets aan de hand is.

De Ronde van Azerbeidzjan maakt onderdeel uit van de Asia Tour van de UCI, het circuit voor continentale ploegen uit onder meer Iran, Kazachstan, Oezbekistan, Turkije, Maleisië, Australië en Japan. Ploegen uit andere landen zijn ook welkom en daarom hebben zich ook equipes uit Duitsland en Zuid-Afrika ingeschreven voor de zesdaagse etappekoers. Zelfs twee Italiaanse profploegen, Miche en Amore e Vita, zijn in Noord-Iran verschenen. Zij werden niet uitgenodigd voor de Giro d'Italia, die tegelijkertijd wordt gereden, en bij gebrek aan andere grote koersen rijden ze hier maar. Tegen een aangenaam startgeld, dat wel. Het Vlaamse Doncker's Koffie heeft zich wegens de dood van Wouter Weylandt op de valreep afgemeld.

Het is een bont gezelschap dat zich bij de start heeft verzameld. De jongste renner is 19, de oudste is een 46-jarige Nieuw-Zeelander, Nathan Dahlberg. Eind jaren tachtig reed hij nog in de Tour de France voor Seven Eleven. Twee ploegen hebben het aangedurfd een vrouw mee naar Iran mee te nemen. Bij de Duitsers van NSP werkt een bloedmooie verzorgster en het Australische Plan B wordt geleid door een stevige mevrouw. Margo Rhys Jones is parttime ploegleidster, de rest van haar tijd is ze kokkin op een wetenschappelijke basis op Antarctica. De vrouwen dragen een hoofddoek, dat moet in dit land. De hele week zullen beide dames flink over de tong gaan bij de Iraanse mannen.

Een half uur voordat de ronde moet beginnen, wordt nog met man en macht gebouwd aan het startpodium. Planken, buizen, gereedschap en schroeven liggen op de weg uitgestald. De aanwezige UCI-official, de Nederlander Martin Bruin, geeft wijze raad en zorgt ervoor dat de boel niet al te erg uitloopt. En inderdaad: een kwartiertje later dan de bedoeling was, gaat de eerste renner van start voor een tijdrit van ruim drie kilometer.

De parcoursbouwer is weinig creatief geweest. De renners rijden twee kilometer rechtdoor over stoffig asfalt, keren om bij een rotonde, en rijden dan nog een kaarsrechte kilometer. Achter een uitklaptafeltje bij de finish klokt een man met een stopwatch. Het publiek moedigt de renners enthousiast aan, er staan twee- à driehonderd mensen langs de weg.

De meeste ploegen bestaan uit vijf renners. Vier teams konden er maar vier verzamelen en dus staan er 101 renners op de startlijst. Miche-renner Stefan Schumacher rijdt het hardst rechtdoor. Hij is het aan zijn stand verplicht, ook al is hij net terug van een lange schorsing wegens doping. Ooit won Schumacher de Amstel Gold Race en droeg hij de gele trui in de Tour. Nu voegt hij een overwinning op Iraans grondgebied aan zijn palmares toe. 'Ach ja, best leuk, die had ik nog niet', zegt Schumacher bijna verontschuldigend.

Op het podium moet de Duitser het doen zonder rondemiss. Een verlegen meisje van een jaar of twaalf in klederdracht en een official in een net pak overhandigen hem een medaille, de leiderstrui en een bos bloemen. Op het ereschavot staat maar één renner naast Schumacher. Daryl Impey heeft kennelijk niet begrepen dat hij derde is geworden en komt niet opdagen. De speaker roept steeds wanhopiger zijn naam om, maar de Zuid-Afrikaan blijft weg. Schumacher moet nog op de foto met heel veel officials en mag dan eindelijk het podium af, de bloemen nog onder de arm. Tegen Martin Bruin zegt hij verbouwereerd: 'Normaal gooi ik zo'n bos in het publiek, maar er stonden alleen maar mannen!'

Dag 2: Tabriz - Meshkin Shahr

De karavaan verzamelt zich in de lobby van rennershotel Gostaresh, klaar voor het vertrek naar de start van de eerste etappe. Een man met een lange sik maakt opeens stampij bij de receptie. Het is de mecanicien van NSP. In slecht Engels schreeuwt hij dat een broek van hem is gestolen, een heel goede broek die op het balkon hing te drogen. De driftige Duitser wil weten hoe het kamermeisje heet, zij zal het wel hebben gedaan. Het personeel probeert de Duitse sik te kalmeren, maar hij blijft maar schreeuwen en weigert te vertrekken voordat de kwestie is opgelost. Wanneer de mecanicien dreigt met de politie, raakt hij kennelijk een gevoelige snaar en krijgt hij meteen zijn zin. Het management vergoedt de goede broek met een bedrag waarmee je in Iran een paar goede broeken zou kunnen kopen. Toch zal de Duitser de rest van de week in een zwart trainingspak blijven rondlopen.

De start van de eerste rit heeft plaats op een verkeersplein voor het gemeentehuis van Tabriz. Aan de muren hangen grote portretten van Khamenei en Khomeini. De autoriteiten hebben het niet nodig gevonden het plein af te zetten en er ontstaat er een klein verkeersinfarct. Het verkeer moet langs de ploegleiderswagens en wielrenners laveren. Vanuit overvolle stadsbussen bekijken reizigers het vreemde schouwspel. Mannen zitten en staan voorin, de vrouwen achterin, met hoofddoek.

Een Iraanse man spreekt westerlingen aan en vraagt aan iedereen waar ze vandaan komen. Hij heeft zelf familie in Duitsland en zou daar dolgraag ook heen willen. Maar ja, hij krijgt geen visum. 'Ik wil weg hier,' zegt hij, 'iedereen wil weg hier. President Ahmedinejad is slecht voor het Iraanse volk.' Dan bedankt hij vriendelijk voor de aandacht en loopt hij door; de wielerronde interesseert hem kennelijk niet.

Opnieuw begint de koers wat later dan het routeboek aangeeft. De plichtplegingen bij het gemeentehuis nemen de nodige tijd in beslag. De koersdirecteur houdt een lange speech waarin iedereen die iets met de organisatie te maken heeft, uitbundig wordt geprezen. Er is muziek van een militaire kapel en een geestelijke leest voor uit de Koran. De ceremonie wordt afgesloten met het volkslied. De meeste Iraanse renners zingen mee. Martin Bruin zit glimlachend op de eerste rij. Als het programma is afgewerkt, bedankt Bruin de sprekers met een buiging voor hun mooie woorden en vouwt hij zijn handen voor de borst. De Iraniërs waarderen het vriendelijke gebaar, ook al kent niemand in het land dit gebruik.

Eindelijk vertrekt het peloton. De organisatie heeft iedere ploeg een eigen busje en een gele taxi toegewezen. Ook de buitenlandse pers (*De Muur, Studio Sport* en website *Cyclingnews Asia*) krijgt de beschikking over een eigen taxi met chauffeur en tolk. De bestuurder van dienst heet Mousave, een man met een enorme buik. Hij lacht heel veel en spreekt geen woord Engels. Al rijdend schenkt hij zijn passagiers hete thee en deelt hij zonnebloempitten uit. Mousave luistert naar cd's van zijn favoriete zangeres en daarmee blijkt hij de wet te overtreden. Vrouwen mogen sinds de revolutie van 1979 niet meer in het openbaar zingen of cd's opnemen. En dus is het ook verboden om naar ze te luisteren. '*Islam makes my hair white*', zegt hij via tolk Nasser.

Mousave rijdt in een Samand, een auto van Iraanse makelij. Bijna iedereen koopt een wagen uit eigen land. Niet dat het is verboden om een auto te importeren, alleen betaal je bovenop de aankoopprijs nog eens 250 procent belasting.

De karavaan rijdt de stad uit langs showrooms vol meubilair en auto's. In een groot café langs de weg zitten mannen aan waterpijpen te lurken. Hier en daar staan plukjes mensen. Als je langs ze rijdt, blijken het alleen maar mannen te zijn.

Na vijf kilometer in niemandsland gaat Amin Soltani van de Iraanse ploeg Javanan Khayyer Oroumiyeh de geschiedenis in als de eerste renner die in de Ronde van Azerbeidzjan van 2011 wordt gelost. Toch zal Soltani op tijd finishen, een indrukwekkende prestatie.

Het landschap is afwisselend: groene en bruine heuvels, rotsmassieven. Links en rechts in de verte liggen hoge bergen waartegen soms een stadje is geplakt. Wie daar woont en wat daar gebeurt, niemand in de karavaan zal het ooit weten. De renners rijden over brede snelwegen, meer dan glooiend wordt het niet. Bij iedere zijweg is een agent aanwezig om het verkeer tegen te houden, maar meestal hebben ze niets te doen. Sommigen hebben een boek op schoot.

Langs de weg staat een bord dat aangeeft dat het nog 72 kilometer is naar de Sungun Kopermijn, dan passeert de karavaan een verlaten paardenrenbaan en een uitgestorven vakantiekamp aan een meertje.

Na een klein uur rijden de renners weer even door de bewoonde wereld, de koers voert door het plaatsje Bilverdi. De hoofdstraat bestaat uit kleine winkels, waar groenten, fruit en thee worden verkocht. Er zijn wat mannen naar buiten gelopen. Twee jongens in wielerkleding en met een racefiets aan de hand juichen de renners toe. Verderop staan zowaar ook een paar vrouwen in zwarte gewaden.

Stefan Schumacher staat langs de kant van de weg, lekke band. De Duitser krijgt razendsnel een nieuw wiel en trekt zich in gang. De Iraniër Saeed Navid Far, die kort daarvoor pech heeft gehad, nestelt zich in zijn wiel. Een hele eer om zo meteen samen met de grote Schumacher bij het peloton aan te sluiten! Vanuit de auto pakt de mecanicien van Miche Schumachers zadel vast om te zien of dat bij het lekrijden niet toevallig ook is beschadigd. Terwijl hij in het luchtledige schroeft, wordt Schumacher in sneltreinvaart terug naar voren geduwd. Navid Far blijft eenzaam achter en zal de groep deze dag niet meer terugzien.

In het stadje Meshkin Shahr is een streep geschilderd op een weg tussen betonnen gebouwen, niet bepaald de Via Roma. Een beer van een vent uit Kazachstan (Aleksej Lyalko, onthoud die naam, dat wordt een grote) komt er solo aan en neemt de leiding van Schumacher over.

De huldiging is in een sporthal vlak naast de finishstraat en duurt weer eindeloos. De zaal vol rood-wit-groene stoeltjes is voor een kwart gevuld, voornamelijk met schoolkinderen. Opnieuw

Het peloton onderweg van Tabriz naar Meshkin Shahr. Foto Ruurd Edens

lange toespraken in het Perzisch, muziek, Koran, volkslied. Stefan Schumacher moet erbij zijn omdat hij derde is geworden. Hij zakt onderuit op zijn stoel en vraagt Mehdi Sohrabi, de nummer twee, of het hier altijd zo gaat. Sohrabi knikt verontschuldigend, hij kan het ook niet helpen.

De karavaan hoeft niet in Meshkin Shahr te blijven, er wordt overnacht in Sarein, een uur verderop. Sarein is een toeristenstad, in Iran bekend door zijn warmwaterbronnen. Kennelijk moet het toeristenseizoen nog beginnen, want overal zitten winkeliers duimen te draaien. Hangjongeren veren op als ze merken dat er buitenlanders door hun stad lopen. Ze knopen graag een praatje aan, maar niet om de prestaties van Mizbani, Askari en Sohrabi door te nemen. Over politiek willen ze het hebben.

Iedereen klaagt: als je iets van je leven wilt maken, moet je weg uit Iran. Ze hebben allemaal wel een neef of oom in het Westen die ze kan helpen. In Nederland, Duitsland, Canada. Het gaat lukken hoor, een mooie toekomst ligt in het verschiet. Een van de jongens biedt zich aan als gids, zijn naam is Esa. Hij brengt de buitenlanders naar een fraaie moskee en naar een schitterend uitkijkpunt. Aan het eind van de rondleiding weigert Esa voor zijn diensten betaald te worden en dankt hij voor de tijd die hij met de mensen uit Nederland mocht doorbrengen. Wél wil hij graag Facebook-vriend worden. Die site wordt door de overheid dan wel geblokkeerd, maar iedere jongere weet hoe je eenvoudig naar Facebook, Twitter en YouTube kunt surfen.

De renners van Tabriz Petrochemical komen ieder jaar in Sarein. Ghader Mizbani, Hossein Askari en Mehdi Sohrabi slenteren verveeld door het centrum, niemand die de beste wielrenners van de natie herkent. Mizbani wil weten wat de westerse journalisten van zijn land vinden: 'Jullie horen natuurlijk alleen maar negatieve dingen over Iran.' Na een halfslachtig antwoord raadt Mizbani de westerse bezoekers aan om het warme natuurbad naast het hotel eens uit te proberen en loopt door. Hij gaat slapen, morgen wacht een belangrijke etappe.

Dag 3: Ardabil - Nir (ploegentijdrit)

Alweer een gezellige chaos bij de start. De politie heeft de snelweg door startplaats Ardabil afgesloten en het kennelijk niet nodig gevonden om dit wereldkundig te maken. Achter de politieafzetting op driehonderd meter van de startstreep groeit een file van auto's en vrachtwagens, ze kunnen geen kant meer op.

Er heerst enige verwarring over de leiderstrui. De jury is gisteren vergeten Schumachers bonificatie mee te tellen en de Duitser zou nog steeds leider zijn. Gelukkig blijft de organisatie het gênante beeld bespaard dat de leider al vóór de start van een etappe zijn trui moet afstaan. Ook Lyalko's bonificatie is over het hoofd gezien en dus kan de Kazak gewoon in het geel vertrekken. Een renner uit Hongkong ontdekt dat er iets mis is met zijn fiets. De fotograaf van *Cycling News Asia*, Daniel Carruthers, heeft zijn eigen fiets mee naar Iran genomen en natuurlijk mag Wai Man Chau die gebruiken. De renner zal de rest van de ronde op de geleende fiets koersen.

Ook nu rijden de renners over een brede snelweg. De organisatie heeft de grootste moeite om de koers onder controle te houden, de afstand tussen kop en staart van de koers is bij een ploegentijdrit veel groter dan bij een gewone etappe. Voortdurend duiken auto's en tractoren achter de renners op, maar ongelukken blijven uit.

Het is stil langs de weg, alleen bij een haarspeldbocht staat een grote groep mensen te kijken. Fotografen stoppen er om mooie plaatjes te schieten en meteen schieten jongetjes op hen af. Ze bewonderen hun motoren, díe kunnen pas hard. Een agent opent de afzetting om een auto door te laten. De bestuurder heeft hem ervan overtuigd dat hij zo snel mogelijk met zijn hele familie naar het ziekenhuis moet, echt waar, een spoedgeval. De auto scheurt langs de zwoegende renners.

Op een viaduct stopt een ploegleiderswagen. De directeur sportief van het amateurteam van Tabriz stapt uit en pakt een racefiets uit de kofferbak. Hij is vorig jaar gestopt als renner en mist de koers, de laatste twintig kilometer fietst hij in zijn burgerkleren naar de finish. Af en toe wordt hij voorbijgereden door een ploeg.

De ploeg van Tabriz Petrochemical verrast, de Iraniërs kloppen de gelouterde profs van Miche. Mehdi Sohrabi is de nieuwe leider.

Ploegleider Marco Tozzi van Miche kan de nederlaag moeilijk verkroppen en zoekt naar excuses. Schumacher en Rebellin zijn volgens hem veel beter dan die Iraniërs, maar ze moesten inhouden omdat hun twee jonge ploeggenoten niet harder konden. En volgens Tozzi is hij ook nog eens geflikt. Hij heeft de tijdrithelmen in Italië achtergelaten omdat ze hier verboden zouden zijn, maar nu reed Tabriz wel gewoon met speciale helmen! Tozzi denkt niet dat Sohrabi en de zijnen het in het Europese wielrennen ver zouden schoppen, van tactiek weten ze niet zoveel.

Stefan Schumacher zit weer tandenknarsend de huldiging uit. Als hij alles heeft doorstaan, wil hij toch wat meer over het land weten. Hij vraagt aan Martin Bruin: '*Was geschieht wann du hier mit ein Mädchen schläfst?*' Bruin raadt hem af een Iraans meisje te versieren, dat is vragen om moeilijkheden. Je verdwijnt hier zo in de gevangenis, weet Bruin.

De UCI-official geniet in Iran, hij wordt door de organisatie in de watten gelegd. Men is blij met zijn aanwezigheid, dat geeft de Ronde cachet. Bij het podium deelt iemand zoete lekkernij uit aan genodigden. Bruin kan er geen genoeg van krijgen en vraagt met gevouwen handen op zijn borst steeds om meer.

De renners overnachten opnieuw in Sarein. Ghader Mizbani

zit in de lobby van het hotel en heeft nu alle tijd voor een praatje. Hij spreekt uitstekend Engels. Als student van zeventien – dat is alweer achttien jaar geleden – stapte hij voor het eerst op een racefiets en meteen won hij zijn eerste race. Hij werd prof, maar pas de laatste vijf jaar kan hij echt van zijn sport leven. Mizbani is een klimmer, hij had daarom liever in de bergen rondom Tabriz gereden. Op het parcours van deze editie moet hij vooral in dienst rijden van Sohrabi, de betere sprinter.

Mizbani is goed op de hoogte van de geschiedenis van de sport in zijn land. Pas na het einde van de oorlog met Irak in 1988 is Iran zich gaan interesseren voor bijzaken als sport. Voetbal en worstelen zijn er de belangrijkste sporten, wielrennen trekt minder aandacht. Op de vraag of de mensen in Iran iets van wielrennen begrijpen, haalt hij de schouders op.

Hij heeft een schotel op zijn dak en kijkt veel naar Europese koersen, kent alle uitslagen, kan de beste Nederlanders opnoemen ('*Yes Gesink, I know him*'), is op de hoogte van alle dopingschandalen. Vreselijk vindt hij die. Mizbani heeft alleen bewondering voor schone renners als Cancellara, van Contador moet hij niet veel hebben. 'Maar ook in Iran wordt veel geslikt hoor.' Zelf zal hij nooit een verboden middel gebruiken.

Mizbani is tevreden over zijn carrière, maar betwijfelt of hij alles uit zijn mogelijkheden heeft gehaald. De internationale politiek heeft hem niet bepaald geholpen om hogerop te komen. Als hij met zijn Iraanse paspoort overal heen had kunnen reizen, was hij misschien een van de beste renners ter wereld geworden, wie zal het zeggen?

Mizbani had dolgraag in de bekende etappekoersen willen rijden. Giro, Tour, Vuelta, waar dan ook. Helaas, het heeft er nooit in gezeten, de spanning tussen zijn land en het Westen heeft zijn ontwikkeling in de weg gezeten. Vier of vijf keer toonde een westerse ploeg belangstelling voor Mizbani, maar steeds zag men van hem af. Want wat heb je aan een renner uit Iran als die voortdurend bij de douane wordt tegengehouden?

Tabriz Petrochemical heeft in het verleden ook meerdere malen visa aangevraagd om in Europa te kunnen koersen. 'Soms kregen we die, maar dan zó laat dat de koers waarin we wilden starten allang voorbij was.'

Eén keer, in 2009, kreeg hij de kans zich te meten met de betere westerse profs. In de Spaanse rittenkoers Circuito Montañes werd hij zesde in het eindklassement, winnaar was Tejay van Garderen. Mizbani zag daar het verschil in koersen tussen Europeanen en Aziaten. In Azië vliegen ze erin zonder na te denken, in Europa koersen ze met het hoofd. Iraniërs rijden volgens Mizbani slimmer dan de meeste Aziaten, maar niet zo geslepen als de renners uit Europa.

Mizbani is in de herfst van zijn loopbaan, maar toch wil hij nog een paar jaar doorgaan. Daarna zullen ze hem niet meer in het wielermilieu tegenkomen. 'In Iran kunnen ze geen koersen organiseren, ik zou me als ploegleider alleen maar ergeren.'
's Avonds is het op televisie lang zoeken naar beelden van de Ronde van Azerbeidzjan. Er is wel een politieke talkshow op de Engelstalige zender Press TV. De sprekers hebben het over de situatie in het Midden-Oosten. De naam Israël valt niet, het land wordt consequent aangeduid met 'de zionisten'.

Dag 4: Nir Salam – Ardabil

Het is ongekend druk bij de start in het stadje Nir Salam. Mannen en jongens verdringen zich rond de Tabriz-renners en willen met hen op de foto. Iemand deelt Iraanse vlaggetjes uit. Op een afstandje staan ongeveer vijftien vrouwen in zwarte gewaden nieuwsgierig toe te kijken. Ploegleider Maurizio Giorgini van Amore e Vita gaat voor ze staan en vraagt iemand om snel een foto te maken. Even later zijn de vrouwen nergens meer te bekennen.

Technisch directeur Mohammed Ali Mohammadi van de Iraanse wielerbond rijdt een stukje met de pers mee. Zijn auto is al vertrokken, de organisatie heeft hem over het hoofd gezien. Mohammadi was ooit wielrenner, hij heeft nog meegedaan aan de Olympische Spelen van 1976 en het WK voor militairen. Deze week rust op hem de taak om verslag uit te brengen bij het hoofdkantoor in Teheran. Hij heeft al aardig wat minpunten genoteerd en het voorval van deze ochtend zal in zijn rapport uiteraard niet ontbreken.

De karavaan rijdt door agrarisch gebied, langs de weg staan veel graansilo's. Twee boeren staan bij een kuil met hun rug naar de weg, de renners wordt geen blik waardig gekeurd. Het landschap wordt verder bepaald door ruïnes, vee en zwerfhonden. Uit het busje van Miche wordt een zak afval gegooid.

Valpartij! De renner met rugnummer 142, Hamed Rahmati van de formatie Omid Iran International, ligt kermend op de snelweg. Mensen springen uit volgauto's om te helpen, foto's te maken, de benen te strekken, te plassen. Mohammed Ali Mohammadi maakt van de gelegenheid gebruik om over te stappen in de auto die hem was vergeten. Rahmati geeft op met een gebroken pols. Ook de taxi van Mousave is *abandon*: weglekkende koelvloeistof. De journalisten kunnen verder in de bezemwagen. Die heeft de rest van de rit gezelschap van twee renners: de Duitser Holger Burkhardt van de ploeg Champion System uit Hongkong en de Turk Ali Riza Tanriverdi van Brisa Spor. Ze zijn door de valpartij ver achteropgeraakt. Dat het duo ongeschonden de finish haalt, mag een wonder heten.

Achter de bezemwagen rijden twee politieauto's en meteen daarachter dringt het ongeduldige verkeer. Geregeld verschijnen er tegenliggers op de weg. Dan merk je hoe snel de Iraanse politie kan opereren, in een mum van tijd verschijnt er versterking. Burkhardt en Tanriverdi krijgen een escorte en worden veilig naar de buitenwijken van Tabriz geloodst waar vandaag opnieuw een finishlijn op de snelweg is geschilderd. Aan de rand van de stad schieten nieuwe flats uit de grond.

De Duitser en de Turk passeren de fabriek van Zam Zam Cola, genoemd naar de heilige fontein in Mekka. Het is de cola met het grootste marktaandeel in Iran, Pepsi en Coca-Cola worden geboycot. Rechts van de weg ligt de Azad Universiteit, thuisbasis van de tweede wielerploeg van Iran. Het Azad University Cycling Team heeft zich vlak voor de start van de ronde afgemeld. Officieel omdat men rouwt om de broer van een van de renners die bij een verkeersongeluk om het leven is gekomen. Maar binnen de Iraanse wielerwereld wordt gefluisterd dat Azad University en Tabriz Petrochemical elkaars bloed wel kunnen drinken. Azad zou vermoeden dat de Tabriz-renners in deze ronde een voorkeursbehandeling krijgen en daarom maar zijn weggebleven.

Wanneer de achterblijvers de streep bereiken, horen ze dat de rit is gewonnen door Markus Eichler, de Duitse sprinter van NSP.

De renners zijn vroeg klaar, het is twee uur, het gezelschap wordt in busjes naar het hotel gebracht. De Tabriz-renners scheiden zich af, hun sponsor laat ze slapen in het luxueuze bedrijfshotel elders in de stad. Daar is een hele verdieping voor de wielrenners gereserveerd, inclusief een suite die als een soort huiskamer wordt gebruikt door de Tabriz-familie: renners, ploegleiders, mecaniciens, vrouwen en kinderen. Ghader Mizbani vertelt zijn echtgenote over zijn belevenissen, hun zoontje speelt op de vloer. Hossein Askari ligt op een bank en luistert naar muziek op zijn iPod. Het is gezellig, er hangt een ongedwongen sfeer. Gasten krijgen pasgebakken koekjes en overheerlijk roomijs gepresenteerd.

Mehdi Sohrabi (29) heeft zijn gele trui nog aan en doet zich tegoed aan het lekkers. De ronde verloopt naar wens, er kan weinig meer misgaan. Ploeggenoten Askari en Mizbani staan tweede en derde in het klassement, Schumacher en Rebellin vierde en vijfde. Sohrabi noemt het een eer dat de twee toppers naar zijn land zijn gekomen, dat is goed voor het aanzien van het Iraanse wielrennen. En ook heel fijn om ze te verslaan natuurlijk, nu krijgt de wereld te horen dat Iraniërs behoorlijk goed kunnen fietsen.

Sohrabi zou zo graag in Europa koersen, zijn favoriete koers is Parijs-Roubaix. Ieder jaar kijkt hij naar de klassieker die op een van de satellietzenders te zien is. Zou toch mooi zijn om een keer over kasseien te jakkeren, die hebben ze niet in Iran. En stel je voor dat de Tabriz-ploeg eens mee kon doen aan de Tour de France. 'Een van ons zou zeker in de top-10 eindigen!' Sohrabi is fan van Alberto Contador, *'a strong man'*. Net als Mizbani is hij realistisch, een duel met de Spaanse klimmer zit er voorlopig niet in: *'No visa.'* Ook hij deed mee aan het Circuito Montañes in Spanje. Sohrabi werd een keer vierde in een rit, dat smaakte naar meer.

Hossein Alizadeh is samen met Tobias Erler de waterdrager van de ploeg. Zijn drie kopmannen noemen hem een groot talent. Alizadeh is 23 en heeft de hoop nog niet opgegeven om ooit nog voor een Europese ploeg te rijden. Als Iran en het Westen zich met elkaar verzoenen, wie weet wat hij dan nog zou kunnen bereiken. Alizadeh zou een vertrek naar Europa met beide handen aangrijpen. Voor een eenzaam bestaan, ver van zijn vaderland, is hij niet bang.

Dag 5: Shabestar – Orumiyeh

Chauffeur Mousave meldt zich met een brede grijns. Hij presenteert een nieuwe Samand-taxi, van een collega geleend. Startplaats is vandaag Shabestar, een religieus centrum in het noorden. Hier worden veel ayatollahs opgeleid. Een imam leest op het podium een lang fragment voor uit de Koran. Overal zijn luidsprekers opgehangen, aan muren, in bomen, overal. Een kinderkoor zingt godsdienstige liederen. Naast de gebruikelijke portretten van Khamenei en Khomeini hangt ook een foto van president Ahmedinejad.

Het peloton verlaat Shabestar en rijdt na een kilometer of twintig door de stad Khameneh, hier komt geestelijk leider Khamenei vandaan. Khamenei is een bijnaam die 'uit Khameneh' betekent, de echte naam van de opperayatollah is Seied Ali Hosseini. Zijn ouderlijk huis is tegenwoordig een museum waar officiële geschenken worden tentoongesteld. Of er in het museum ook wielertruien hangen, zal onbekend blijven, geen tijd om te stoppen. Ook al treedt de islam in dit gedeelte van het land meer op de voorgrond, toch moet je de macht van de ayatollahs niet overdrijven, beweert tolk Nasser. De streek is namelijk een eldorado voor smokkelaars. Vrachtwagenchauffeurs brengen vanuit de buurlanden alles wat de islam verbiedt Iran binnen: sterke drank, bier, wijn en porno. Smokkelaars en afnemers lopen weinig risico, zegt de tolk, omdat niemand de boel verraadt. Bijna iedereen is hier tegen de regering en de geestelijk leiders.

De karavaan passeert een militaire basis met wachttorens en een paar begraafplaatsen. Af en toe rijdt men door de hoofdstraat van een stadje. Op muren zijn teksten geschilderd. Geen Korancitaten of graffiti, maar reclame: Abband Aluminium, Gostaresh Parket, Yekta Verf, Staalsmelterij Isogam.

Een verslaggever van het tv-station van finishplaats Orumiyeh sprint met zijn cameraman een heuvel op. Hij doet een stand-upper en is net op tijd om achter zich klimmende renners in beeld te krijgen.

In Orumiyeh, de stad is bekend door zijn druiven, wint de veertigjarige Colombiaan Miguel Angel Niño Corredor. Samen met zijn twee jaar oudere broer Libardo is hij voor twee weken door de formatie Letua uit Maleisië ingehuurd. Tabriz-renner Tobias Erler is met maagproblemen afgestapt, misschien heeft hij in het hotel te veel koekjes en ijs gegeten.

Stefan Schumacher zit kiplekker in de lobby van het hotel met zijn iPhone te spelen. Lachend vertelt hij dat hij pas een dag voor vertrek begreep dat hij niet naar het land Azerbeidzjan ging, maar naar de gelijknamige provincie in Iran.

In de hotels vermijdt hij de vleesgerechten. Bij de slagerijen ziet hij overal karkassen hangen in ongekoelde ruimtes, niet bepaald hygiënisch. 'Je bent zó ziek en dan is je seizoen weer naar de maan.' De Duitser is blij dat zijn schorsing erop zit, hij miste de koers. Dat hij deze ronde niet zal winnen, kan hem weinig schelen. Hij is hier om te trainen voor de Italiaanse semiklassiekers die later in het jaar op de kalender staan. Schumacher hoopt ooit weer de grote koersen te rijden waarin hij vroeger uitblonk.

Hij vermaakt zich prima in Iran, maar eigenlijk is deze ronde beneden zijn stand. Vandaag was in het routeboek een pittige klim aangegeven, een ideale kans om de Tabriz-renners aan te vallen. Helaas, de beklimming duurde veel korter dan hij had gelezen, zijn aanval samen met Rebellin leidde tot niets. Aardige mensen in Iran hoor, ze doen hun best, maar Stefan Schumacher zullen ze hier niet nog een keer zien.

Davide Rebellin kuiert langs, ook hij heeft net zijn dopingstraf uitgezeten. De Italiaan kijkt even naar buiten en draait zich dan om. Geen belangstelling voor het Iraanse straatleven, Rebellin denkt alleen aan de volgende etappe. Het zadel, een gemakkelijke stoel in de hotellobby, het restaurant en zijn bed, ergens anders zul je hem niet aantreffen. Zijn ploegleider Marco Tozzi waagt zich wel op straat. In de plaatselijke bazaar slaat hij zijn slag. Beladen met specerijen en sjaaltjes keert hij terug in de lobby.

Op televisie zijn 's avonds zowaar beelden van de koers te zien, op de stadszender van Orumiyeh. De uitzending duurt twintig minuten. Vijftien daarvan zijn voor pratende mensen ingeruimd. De vijf minuten wedstrijdbeelden worden niet van commentaar voorzien, voor de sfeer is er gladde synthesizermuziek onder gezet. In de samenvatting ontbreekt de ritwinnaar, de sprint om de tweede plaats wordt gepresenteerd als de ontknoping. Na de sportuitzending krijgt de kijker een lange speech van Khamenei voorgeschoteld. De geestelijk leider praat zachtjes, de zaal luistert ademloos.

Dag 6: Orumiyeh-Tabriz

De laatste dag. Met een buiging en gevouwen handen begroet Martin Bruin zijn gastheren in de hotellobby.

Mousave bladert in zijn taxi voor de deur door een oud nummer van *De Muur* dat op de achterbank is blijven liggen. Hij bekijkt alle foto's, slaat het nummer dicht en zegt iets vriendelijks. Op weg naar de start remt hij iets te laat voor een overstekend jongetje dat met een harde klap op de motorkap terechtkomt. Hij mankeert gelukkig niets, Mousave haalt opgelucht adem. Even later staat de taxi van Champion System langs de weg. De chauffeur is door rood gereden en is door een alerte agent aangehouden.

De slotetappe voert de renners langs een zoutmeer dat bijna droog staat, het Urmiameer. Hier is zich een ecologische ramp aan het voltrekken. Uit wanhoop heeft de overheid het onlangs kunstmatig laten regenen boven het meer. Inderdaad zie je her en der wat plassen en vochtige plekken, maar vissen en watervogels zijn niet te bespeuren. Desondanks komen er nog steeds mensen naar dit meer, vooral om te zonnen. Mannen bij mannen en vrouwen bij vrouwen en tussen hen in een paar honderd meter leeg strand. Zelfs echtparen mogen niet bij elkaar liggen. Welgestelde Iraniërs wijken voor een luie vakantie daarom regelmatig uit naar Turkije of Dubai.

Het peloton rijdt over een nieuwe brug, die de plaats van een pont heeft ingenomen. Aan de overkant is een checkpoint van de politie, maar nu hoeft niemand zich er te melden. Op naar Ilkhchi, een stad bekend om zijn uien. In de hoofdstraat kun je broodjes eten bij het populairste hamburgerrestaurant van Iran, Godfather. Volgens de tolk hebben ze er betere burgers dan McDonald's.

Vanuit het westen rijden we Tabriz binnen. De etappe voert uiteraard langs de fabriek van Tabriz Petrochemical, die uit ontelbaar veel gebouwen, pijpen en schoorstenen bestaat. Twee kilometer daarna een andere fabriek, de Iran Tractor Manufacturing Company. Aan de overkant ligt het voetbalstadion van Tractor, de plaatselijke trots wordt nu gesponsord door de tractorfabrikant. Stefan Schumacher wint de laatste etappe in een massasprint, zijn tweede zege op Iraans grondgebied. Hij wijst de jury op een breuk in het peloton die hem nog een plaatsje winst in het klassement zou moeten opleveren. In haarkloverij heeft de jury geen zin, er verandert niets meer. Sohrabi, Askari en Mizbani eindigen op de eerste drie plaatsen, het volledig Iraanse podium is een enorm succes voor Tabriz Petrochemical.

Het trio rust honderd meter achter de finish uit in het gras van het talud naast de weg. De winnaars praten druk na en drinken uit hun bidons. Ze lijken tevreden. De ronde is binnen, de westerlingen zijn verslagen, wat wil je nog meer? Volgende week nóg een ronde in eigen land en dan naar China voor de Tour of Qinghai Lake. Belangrijke wedstrijden voor ze, de wielerwereld zal weer van Tabriz Petrochemical horen. Maar de Tour de France zal het opnieuw zonder Iraniërs moeten doen, de wielerfans weten niet wat ze missen.

Sohrabi, Askari en Mizbani weten dat wel.

Eind 2011

Hoe een Iraanse droom toch nog in vervulling ging. Mehdi Sohrabi's talloze overwinningen in de Asia Tour zijn in Europa niet onopgemerkt gebleven. Door de bijbehorende World Tour-punten is Sohrabi interessant geworden. De Iraanse vedette reist naar Kopenhagen waar hij zijn land op het wereldkampioenschap vertegenwoordigt. AG2R en Geox nemen de politieke gevoeligheden en visumproblemen voor lief en dingen naar zijn handtekening. Sohrabi roept de hulp in van een oude Iraanse vriend, een succesvol zakenman die zich in Londen heeft gevestigd, maar de partijen worden het niet eens. Het derde aanbod komt uit België en is het goede: Mehdi Sohrabi rijdt in 2012 in het shirt van Lotto-Belisol.

Eindelijk kan hij over kasseien gaan jakkeren, de Muur van Geraardsbergen en het Bos van Wallers liggen voor hem klaar. Ghader Mizbani en Hossein Askari zullen hun vriend vanuit Iran toejuichen en benijden.

De kampioen van Java

Thijs Kuipers

In 1912 begon E.F.E. Douwes Dekker, door kameraden DD genoemd, een eigen krant: *De Expres*. Zijn naam had hij alvast mee, hij was een achterneef van Multatuli. Net als zijn oudoom had DD een diep gevoel voor onrecht. In een tijd waarin de koloniale verhoudingen nog betrekkelijk onveranderd negentiende-eeuws waren, streed DD voor zijn ideaal: een Indië waarin iedereen die zich er thuis wilde voelen, thuis zou zijn. Of het nou Europeaanse 'blijvers' waren, mensen van gemengde afkomst zoals hijzelf of de oorspronkelijke bewoners van de archipel, op voet van gelijkheid zouden ze in vrijheid in hun nieuwe vaderland leven. Een naam voor deze heterogene massa had hij ook al, ze zouden allemaal 'Indiërs' worden. Onder de leus 'Indië voor de Indiërs' streed hij voor zijn politieke ideaal.

Het wielrennen zou hem daarbij behulpzaam worden.
Het wilde namelijk niet vlotten met de missie van Douwes Dekker. *De Expres*, waar behalve DD nog één redacteur werkzaam was, had weinig lezers. Zijn tweewekelijkse blad, *Het Tijdschrift*, nog minder. Misschien wilde hij te graag. Hoewel DD het rechtvaardigheidsgevoel en de strijdlust van zijn oudoom had, miste hij de eloquentie. Van de eerste editie van *Het Tijdschrift* kon de concurrerende pers alleen maar vaststellen dat het nét iets te wetenschappelijk wilde zijn en nét iets te veel woorden nodig had om het Indiërs-ideaal uit te leggen.

Behalve zijn kleine schare volgelingen, allemaal mensen uit de eigen kring van indo's, mensen van gemengde afkomst, was er bijna niemand in DD's ideeën geïnteresseerd. Javanen kwamen op voor Javaanse belangen, Nederlanders voor Nederlandse belangen en Chinezen voor Chinese belangen. DD werd gezien als een oproerkraaier met revolutionaire ideeën. Dat was niet helemaal gelogen: 'Indië voor de Indiërs' betekende niets minder dan het einde van de oude koloniale orde. Het einde van de bevoorrechte positie van de Nederlander in Indië.

Als je in 1912 je tijd ver vooruit was, dan zocht je de grenzen van de moderniteit op. Je tartte de zwaartekracht, en probeerde een ballonvaart rond de aarde te maken. Of je tartte de wetten der mechanica, en verplaatste je al wielrijdend over grote afstand. In 1912 bestond de Ronde van Vlaanderen nog net niet. Parijs-Roubaix was daarentegen al bijna aan zijn 25ste editie toe. De 'Hel van het Noorden' had die bijnaam toen nog niet, maar dat het heftig was, wisten ze zelfs in Nederlands-Indië, hoewel de klassieker nog niet over de beruchte kasseien voerde.

'Parijs-Roubaix is één der zwaarste wedstrijden in Europa, waarbij de rit bijna onophoudelijk gaat over de steile heuvels van Noord-Frankrijk', schreef H.C. Kakebeeke, de tweede redacteur naast DD, in *De Expres*.

Dat kan hier ook, moet Kakebeeke hebben gedacht, ongeveer in dezelfde tijd dat Karel Van Wijnendaele in Vlaanderen hetzelfde dacht en de Ronde stichtte. De afstand tussen Batavia en Bandoeng was rond de 200 kilometer, iets korter dan Parijs-Roubaix dat in die tijd 266 kilometer telde. De hellingen op Java waren langer dan in Noord-Frankrijk, maar niet steiler. De Expres-Wielerwedstrijd was geboren. Om de prestatie niet al te onhaalbaar te laten lijken, mochten de deelnemers er bovendien drie uur langer over doen dan in Parijs-Roubaix: het traject moest binnen elf uur worden afgelegd. Er waren fietsers die de afstand toen al in minder tijd hadden verreden, dus het was zeker mogelijk.

Bovendien was dit een wedstrijd waarbij er op het scherp van de snede gereden zou gaan worden. Kakebeeke liet er geen misverstand over bestaan: 'Er moet niet uit het oog verloren worden, dat deze sportuiting beslist als wedstrijd bedoeld wordt, niet maar een tocht waarbij den gehele afstand zoetjes aan gereden wordt en alleen de laatste weinige palen in grooten vaart afgelegd worden, maar wel degelijk dat van het begin af elke pedaaltrap moet gelden en van den aanvang af de krachten moeten worden ingespannen.'

Wel werd de start verplaatst naar Buitenzorg, een kilometer of dertig ten zuiden van Batavia. Het slechte wegdek tot aan Buitenzorg was de reden voor dit uitwijken, maar ook delen van de weg tussen Buitenzorg en Bandoeng lagen er slecht bij. 'Er zijn gedeelten, waar een stoomwals zeer gewichtige diensten zou kunnen bewijzen, en waar de steenen en het geklopte grind nog wel wat erg los op de heerbaan liggen uitgespreid.'

Het werd dus Buitenzorg-Bandoeng. Aan de start stonden dertig renners, die allemaal reden op gesponsorde Continental-banden ('speciaal voor de Tropen gefabriceerd'). De meeste renners waren onderdeel van de militaire Wielrijders-compagnie, en ze spaarden zich niet. En de meesten moesten dat bekopen, sportief gezien. Uitgezonderd sergeant Piet Honing. Nadat hij nog voor halfkoers al op vijf minuten achterstand de doorkomst te Soekaboemi passeerde, begon hij aan een remonte die hem aan kop van de wedstrijd bracht.

Alleen de bijgehaalde koploper, A. van Beek, kon met moeite het wiel van de losgeslagen sergeant volgen over de machtige hellingen van de Goenoeng Messigit. De sprint à deux voor het hoofdkantoor van de organiserende krant in Bandoeng werd zonder moeite gewonnen door Honing, waarmee hij de eerste winnaar van de eerste wielerwedstrijd op Java werd. Het maakte Piet Honing de officieuze kampioen van Nederlands-Indië.

Niet veel toeschouwers hebben de zege van de sergeant gezien. Ruim drie uur voor de geplande aankomsttijd reed hij al over de finish. 'Velen, die gemeend hadden nog allen tijd te hebben en op hun gemak te kunnen middagmalen, hebben de aankomst gemist', werd genoteerd in het wedstrijdverslag.

Of de wielerwedstrijd eraan heeft bijgedragen, is de vraag, maar met DD en met *De Expres* ging het stukken beter in de loop van 1912. Er werd zelfs een politieke partij opgericht die DD's ideeën dichterbij moest brengen: de Indische Partij. Maar in het koloniale Indië was dit één stap te ver. Een politieke partij die de weg wilde bereiden voor een 'onafhankelijk volksbestaan', was tegen het zere been van het gouvernement in Batavia. De Indische Partij werd verboden. Vanaf maart 1913 was *De Expres* weer de spreekbuis van een partij die niet bestond.

Hoe harder de redacteuren van de krant het recht werd ontzegd politiek te bedrijven, hoe harder zij de noodzaak voelden te bewijzen dat ze niet onderdeden voor de Nederlanders. In geen enkel opzicht. De tweede editie van de Expres-Wielerwedstrijd zou daarom gewoon doorgaan. De krant schreef: 'Wie wil het nog eens wagen, den titanen strijd tegen de heuvels. Wie wil nog eenmaal het uibonzend vreugde-gejoel hooren, wanneer de laatste moeilijkheden zijn overwonnen, Bandoeng in de verte opdoemt en de Aloon-Aloon zeer nabij is. Komt aan, komt aan, wij willen toonen, dat wij in geen enkel opzicht achter staan bij onze sportbroeders in Europa!'

De meeste renners zagen de Expres-Wielerwedstrijd echter niet als een titanenstrijd tegen de heuvels, maar als een ongelijk gevecht met de wielrijderscompagnie van het Indische leger. De redactie kreeg vele brieven tijdens de inschrijvingsperiode, waarin gevraagd werd of de 'militaire wielrijders' net als het jaar daarvoor weer meededen. Het bevestigende antwoord zorgde óf voor een stilte aan de kant van de briefschrijvers óf voor de mededeling 'neen, meneer, dan rijd ik liever niet mede'.

Dit keer legden de renners wel de volledige afstand Batavia-Bandoeng af. Bij de start in het voorstadje Meester Cornelis stonden dertien man, onder wie regerend kampioen Honing. Terwijl de redacteuren van *De Expres* bezig waren met het leveren van een bewijs aan zichzelf en de fietsende militairen bezig waren met hun sportieve prestatie, zag de reactionaire pers in Nederlands-Indië vooral leedvermaak. 'Pinkstervermaak', kopte *Het nieuws van den dag voor Nederlands-Indië*, om te vervolgen: 'Gisterenmorgen te circa half zeven vertrokken van kampong Melajoe elf wielrijders, die het plan koesterden naar Bandoeng te wielrennen. Drie motor-wielrijders en een auto met verbandmiddelen vergezelden de peddelaars, die door een weinig talrijk publiek medelijdend en hoofdschuddend werden nagestaard.'

De wegen hadden in het jaar na de eerste editie niet het onderhoud gehad dat ze konden gebruiken. De eerste palen – één paal was zo'n anderhalve kilometer – na de start in Meester Cornelis werden geneutraliseerd afgelegd, waarna de koers ter hoogte van paal 10 werd vrijgegeven. Daarna spaarde het parcours de deelnemers niet. Ondanks het mindere aantal deelnemers overtrof het aantal valpartijen dat van de vorige editie ruim. 'Wanneer een rijwielveteraan als Honing driemaal komt te vallen, dan zit daar iets meer achter dan zuiver ongeluk', besefte ook redacteur-organisator Kakebeeke.

Toen Honing ook nog problemen met zijn versnellingen kreeg, raakte hij in steeds kanslozere positie. In Tjiandjoer, op zo'n dertig kilometer van de finish, reed hij op de vierde plek op meer dan twintig minuten achterstand. De man die hard had doorgetrapt, was J.R. Berlauwt. Tegen het einde van de wedstrijd reed hij 'nog even snel: met een soupele, regelmatige gang', merkte een jurylid op.

Lang kon de jury niet genieten van de aanblik van de stijlvolle Berlauwt. Van de toeschouwers langs de kant hoorden ze dat er tussen hem en de nummer twee, Kuypers, een derde renner reed. De jury vermoedde een renner die een stuk per trein had afgesneden en ging zo snel als ze kon polshoogte nemen. Snel was dat niet: 'De Mercedes van de firma Stein en Co. liep met zijn vijf passagiers, zijn extra gewicht aan tallooze pakjes, valiezen en koffers grootendeels op zijn prise, direct de steile hellingen op.'

De derde renner bleek geen valsspeler te zijn. Zelfs geen wedstrijdrenner. Het was een Engelsman, daar in het hartje van de Preanger, en hij werd slechts vergezeld door een zwaarbeladen fiets. Kampioen van Java zou deze heer MacOutson niet worden, maar in vergelijking met zijn prestatie verbleekten die van de renners van Batavia-Bandoeng. Wegens een weddenschap was hij vanuit Brits-Indië vertrokken voor een wereldreis per fiets. 'Het bleek, dat Mr. MacOutson van Bombay naar Bombay rijden zal, en aan het einde van zijn twee jaar lange tocht trachten zal het record Calcutta-Bombay te verbeteren.'

Berlauwts winnende tijd werd een prooi voor de rekenaar Kakebeeke. Hij deed over het traject Buitenzorg-Bandoeng langer dan de renners er het jaar eerder voor nodig hadden gehad, toen dat traject nog de gehele wedstrijd vormde. Niet zo gek, vond hij: 'Zooals dit jaar Meester-Buitenzorg gereden werd, zoo werd verleden jaar Buitenzorg-Soekaboemi gereden. Dat wil zeggen buitengewoon snel. En het is te begrijpen, dat het volgende traject daardoor in het gedrang moest komen.' Over het laatste deel van het parcours, met de machtige hellingen van de Goenoeg Misigit, deed Berlauwt echter zeven minuten korter dan Honing in 1912. 'Met recht kunnen wij hem noemen *Kampioen van den weg op Java en van Nederlands-Indië*.'

En toch, die titel behoorde misschien wel meer toe aan die gekke Brit, de wereldreiziger MacOutson. De route die hij naar eigen zeggen had afgelegd, was indrukwekkend: vanuit Bombay was hij naar Calcutta gefietst, om daarna via Birma, Malakka en een reis per schip voet op Java te zetten. De weg die hij nog wilde afleggen, was zo mogelijk nog indrukwekkender: hij wilde dwars over Java fietsen, om in Soerabaja de boot naar Hongkong te pakken. Vandaar naar Shanghai, per boot naar Yokohama, per fiets naar Kobe, vandaar naar Vladivostok en via Siberië naar Sint-Petersburg. Daarna zouden Europa, New York, het vasteland van Amerika, Australië en Afrika volgen. 'Wanneer wij hem tenminste goed begrepen hebben', voegde Kakebeeke aan de onmetelijke rij plaatsen en landen toe. 'Wij hopen voor den koenen wielrijder, dat hij niet in de kookpot terecht komt van een of andere barbaarsch hoofd van een mensenetende stam.'

De ontmoeting met MacOutson bracht de redactie van *De Expres* terug op aarde. De drang om de mogelijkheid van bepaalde prestaties te bewijzen, verdween voorgoed nu ze met het plan van deze malle Brit bekend waren. In plaats van de mechanica te tarten, zou Batavia-Bandoeng een jaarlijkse sportieve uitdaging worden. Niets meer, niets minder, stelde Kakebeeke: 'Wij zijn benieuwd naar de tijden, die in 1914 gemaakt worden.'

    Die tijden werden nooit gemaakt. Douwes Dekker bleef voor zijn politieke zaak vechten, en werd verbannen naar Nederland. *De Expres*, de spreekbuis zonder partij, hield op te bestaan. Batavia-Bandoeng werd een wedstrijd zonder organisator. De eerste poging tot mondialisering van de wielersport stierf een stille dood.

'We mogen dus wat verwachten in 2012'

Marcel van Roosmalen

De Rabobank presenteerde de bedrijfswielerploeg, voor bankmanagers het evenement van het jaar. Met z'n paar honderden stonden ze in het hoofdkantoor bij elkaar, de meesten in bedrijfskleding: grijs pak, knal oranje stropdas en bruine schoenen. Er was koffie, thee en limonade en er waren veel journalisten en fotografen. De bekendsten: Mart Smeets natuurlijk, maar ook Richard Plugge van Euro- en *NUsport* en van de regionalen Jan Sommerdijk van Omroep Gelderland.

Ik was nog nooit bij de presentatie van een wielerploeg geweest, om heel eerlijk te zijn: ik kon nog geen drie wielrenners van de Raboploeg opnoemen, want zo succesvol waren ze niet.

We moesten naar het auditorium. Ik zat tussen de fotografen in de schoolbankjes.

Twee hadden er ruzie over hun plek.

'Sorry, maar mijn spullen lagen er al.'

'Ja, bij Hoevelaken rechtsaf, lekker collegiaal ben je.'

De show begon.

Een man in Rabobank-kostuum praatte de boel aan elkaar. We moesten er maar lekker voor gaan zitten.

Er werden die middag zes wielerploegen gepresenteerd – beloftes, nog meer beloftes, vrouwen, moutainbikers, off-road-riders of zoiets en de profs. In totaal zeventig renners, plus begeleiders.

Maar eerst was er een film over de Rabosuccessen van 2011.

Het waren successen waarvan ik het bestaan niet kende.

De ploeg had gedomineerd in de Ronde van Oman.

Sebastiaan Langeveld won de Omloop van het Nieuwsblad.

We zagen de beelden en hoorden een ontketende Mart Smeets.

'Als alle wielrenners zo waren, reden we in de hemel en niet in de hel.'

Ik keek naar Smeets, een paar stoelen onder me, uit zijn colbert stak een roze pochet.

Terug naar 'de successen':

Een derde plaats in Parijs-Roubaix.

Een prijsje in de Ronde van Murcia.

Een paar overwinningen bij de beloften.

Het was genoeg voor een daverend applaus van de Rabomanagers.

De CFO van Rabobank Nederland kwam naar voren, hij heette Bert en hij had goed nieuws: Rabobank ging ook de komende jaren 'flink in de bus blazen'. Hij constateerde verder dat er vergeleken met vorig jaar nog meer camera's en nog meer pers waren afgekomen op het event.

'En terecht! Want we hebben weer heel wat in huis!'

Robert Gesink, aangekondigd als 'het beste paard van stal', werd op het podium geroepen. Hij mocht samen met Bert op een knop drukken, zo werd de nieuwe, Engelstalige! – dat was schijnbaar nogal wat – website www.rabosport.com gelanceerd.

Maar eerst interviewde de presentator de wielrenner.

'Je kunt weer lopen!'

'Ja, het gaat goed.'

'Hoe gaat het herstel?'

'Goed dus.'

'Een applausje waard.'

De Rabomanagers klapten hard. Fijn dat de belangrijkste Rabowielrenner van allemaal weer kon lopen!

'Hoe gaat het verder met je?' 'Best goed, vooral op de fiets.'

'Dus iedereen in je woongebied de Achterhoek kan je al weer voorbij zien razen?'

'Ja, ik probeer zoveel mogelijk amateurrijders de moraal af te pakken en voorbij te fietsen!'

'Dat horen we graag!'

Met een druk op de knop werd rabosport.com gelanceerd.

CFO Bert was onder de indruk.

Hij vroeg aan Robert Geesink of hij ook twitterde.

Ja, Robert twitterde.

Behoorlijk wat Raborenners twitterden.

CFO Bert vroeg wat twitter precies was.

'In mijn omgeving lopen er behoorlijk wat rond uit de tijd van de postduif...'

Gelach uit de zaal.

Daarna een bijna staande ovatie.

Weer een nieuwe spreker.

Harold Knebel, directeur van de Rabobank Wielerploegen.

Hij had een raar lichaam, dat op een vreemde manier in een Rabobank-kostuum was geperst; als ik het met een groente moet vergelijken: een aubergine.

Harold liet wat sheets zien waaruit bleek dat de wielrenners van Rabobank progressie boekten. 'We liggen op koers.'

Er kwam steeds meer talent uit de kweekvijver door, er werd steeds beter gepresteerd, er was veel aanvalslust.

'Met 26 overwinningen en 75 podiumplekken als gevolg.'

De presentator: 'Jaja..'

Er werd weer geklapt.

Harold zei: 'Renners komen en renners gaan, zo gaat dat in het moderne wielrennen. Wij hebben ook afscheid genomen van een aantal renners.'

De presentator: 'Een filmpje, een mooi filmpje...'

Op de grote schermen zagen we de hoogtepunten uit de Rabo-carrières van onder anderen Oscar Freire. Op de achtergrond klonk het sentimentele lied 'Goodbye, goodbye...'

Subsponsor Interpolis werd bedankt.

'Applausje voor Interpolis, zonder hen geen Raboploeg.'

Harold begon over de doelstelling voor 2012.

'Die is aangescherpt. We gaan van 'meedoen' naar 'verwachting'. We mogen dus wat verwachten in 2012.'

Daarna volgde een filmpje en een lang gesprek over het parcours van het WK-wielrennen dat in 2012 in Limburg zou worden gereden. Een parcours dat bij uitstek geschikt was voor Raborenners, belangrijk want er werd bij het WK tijdrijden voor het eerst gestreden tussen sponsorploegen, en dus niet door landenteams.

'Een hele verbetering', vond Piet Kuijs van de Rabobank wielerploeg.

De dagpresentator was het met hem eens: 'Een mooie gelegenheid voor Rabo om zich te profileren!'

Daarna volgde een optocht van ploegen en delen van ploegen, opgeleukt met nietszeggende vragen en antwoorden.

'Marianne Vos, hoge verwachtingen van de vrouwenploeg?'

'Ja, de verwachtingen zijn hooggespannen.'

'Wat vind je van het WK-parcours in Limburg? Zijn er mogelijkheden?'

'Een moeilijk parcours, maar dat ligt ons wel. Je kunt geen moment rust pakken.'

'Dus het parcours is al verkend, hahaha.'

'Ja, hahaha.'

Na een uur was ik er wel klaar mee.

Ik noteerde nog even wat quotes van talent Davy van Poppel, zoon van de beroemde Jean-Paul – 'Wielrennen is heel normaal in mijn familie, want ik kom uit een wielerfamilie. Ook ik ben gaan fietsen. Ik fiets omdat ik het leuk vind. Ik doe mijn best.' – en ging.

In de aanpalende hal waren glazen jus d'orange, fruitsapjes en kaasstengels en heel veel mensen met Rabobank-stropdassen. Een van hen zei: 'Ik hoop dat ze Rabobank weer op een positieve manier op de kaart zetten! Als ze een Touretappe winnen, zit ik de volgende dag glimmend op kantoor! Een goed Rabobank-gevoel en gepaste Rabobank-trots straal je uit naar de klant. Iedereen wil winnen en de Rabo is een bank voor winnaars.'

Tot zover graag.

Beroep: Wielrenner
Deel 4 Marianne Vos

Nando Boers

MARIANNE Vos is de vrouwelijke kannibaal. Ze heerst op de baan, op de weg in en het veld. Ze won vorig jaar bijna de helft van de wedstrijden waarin ze aan de start verscheen, veroverde twee wereldtitels en verloor er eentje, in Kopenhagen. Weer zilver op de weg, voor het vijfde achtereenvolgende jaar.

We spreken de Brabantse begin november in het restaurant waar ze altijd afspreekt, De Koppelpaarden te Dussen. Ze komt op de fiets, een hybride model. Vos is net weer begonnen met trainen na een maand rust, een maand waarin ze Nederland ontvluchtte omdat ze anders gek zou worden. Vos is achtvoudig wereldkampioen, op de weg, op de baan en in het veldrijden. In 2008 won ze tijdens de Olympische Spelen van Beijing goud op de puntenkoers. Komend seizoen heeft ze haar pijlen gericht op de Spelen van Londen. Ze is op het olympisch parcours weer de te kloppen vrouw. Ze zegt na dik een uur: 'Dit zijn trouwens wel heel uiteenlopende vragen moet ik zeggen – vind ik leuk.'

Wanneer was je het gelukkigst op de fiets?
'De laatste keer puur geluk was in Bhutan, in oktober 2011. Ik was daar voor het huwelijk van de koning en ik zou op zijn verzoek in Bhutan een aantal clinics geven. Die koning is namelijk een enorme sportfanaat. Het was anderhalve week na het einde van mijn seizoen en ik kon daar op een mountainbike rijden. Er zou een tocht zijn van Paro naar de hoofdstad Thimpu. We sliepen in Thimpu en dus ging iedereen met het busje naar Paro. Maar ik

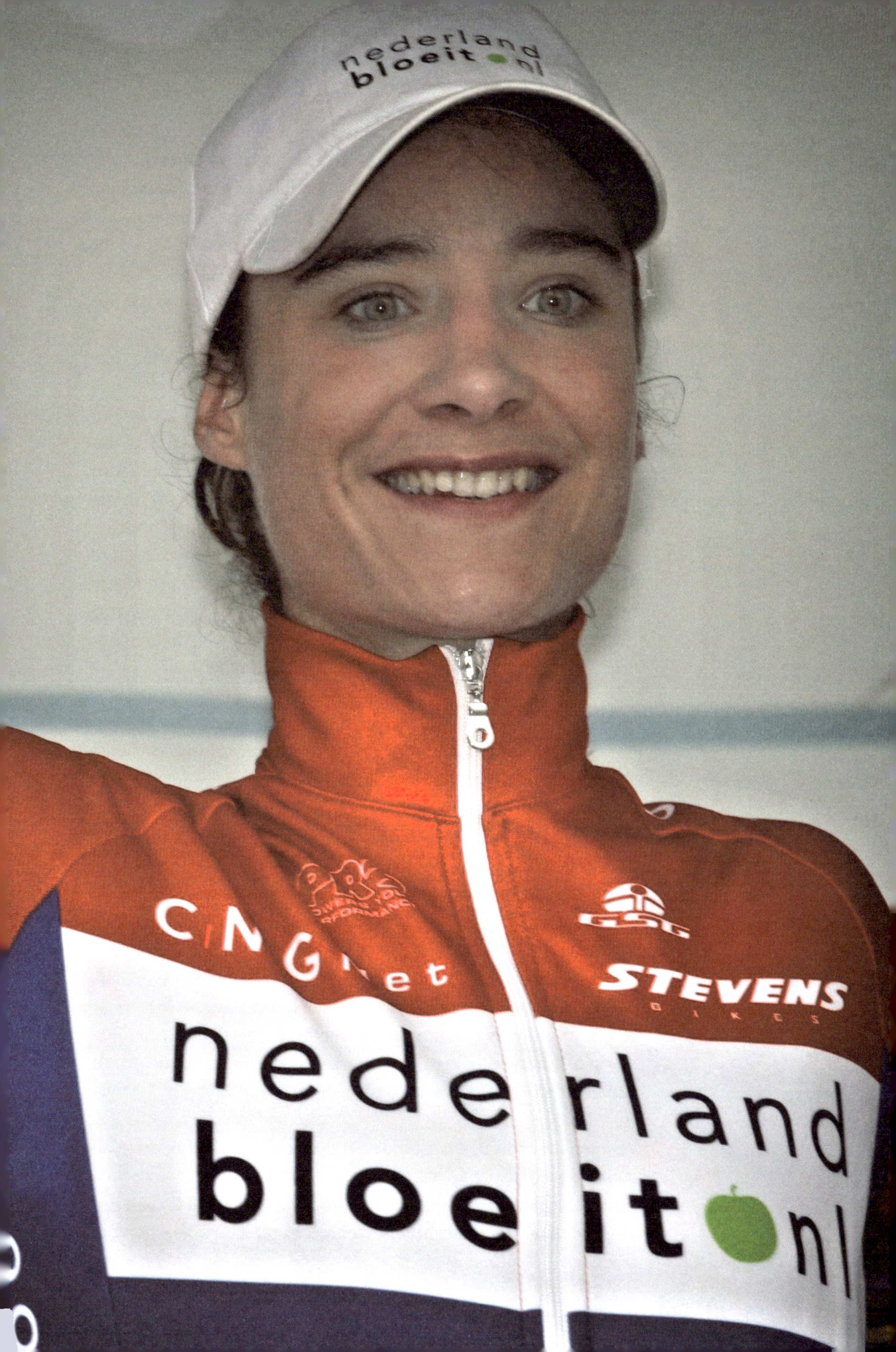
nederland
bloeit nl
STEVENS
nederland
bloeit nl

dacht: dat is zestig kilometer, dus als ik erheen fiets, heb ik 120 kilometer gedaan. De oppositieleider van Bhutan wilde ook wel mee, Tshering Tobgay heet hij, ook een fervent mountainbiker.

Het was 's ochtends vroeg, kwart voor zeven, de zon kwam op, belachelijk vroeg was het. We gingen op weg en ik werd door blijdschap overvallen. Ik voelde me zó ontzettend gelukkig. Ik verbaasde mezelf. Op zo'n oude fiets, over een weggetje dat op- en afgaat, met aan de ene kant een bergflank en aan de andere kant een riviertje. Ik dacht: fietsen, het is echt een belachelijke verslaving.

Erica Terpstra was ook mee naar Bhutan, ze haalden ons in met het busje, en zij vertelde mij later: "Toen jij op de fiets zat, zag ik dat je een ander mens werd. Ik zag het ultieme geluk in jouw ogen." Dat is denk ik de passie voor de fiets. De benen die draaien, het genieten van de natuur en de fysieke inspanning. Zoiets? Ik merk dat ik moeite heb het gevoel onder woorden te brengen, omdat ik niet weet wat dat fietsgeluk precies is. Het is niet alleen maar het fietsen, want alleen maar vijf uur per dag fietsen, daarvan word ik niet blij. Ik heb ook die wedstrijden nodig.'

Op de fiets zweef je óver de natuur. Je voelt je als het ware ongrijpbaar.
'De vrijheid van fietsen had ik in Bhutan niet, omdat ik van plaats naar plaats moest, maar die vrijheid ken ik wel en die vind ik wel héél fijn. Op de fiets zeil je overal heen. Vandaar dat ik met duurtrainingen in de winter ook nooit hetzelfde rondje neem. Oh, denk ik, laat ik hier eens links gaan. Ik weet dan nooit precies waar ik uitkom.'

Wanneer heb je voor het laatst een nieuw weggetje gevonden?
'Dat gebeurt regelmatig. Niet hier in de buurt van Dussen, maar een uur verderop zijn er genoeg weggetjes die ik nooit heb gereden of waarvan ik me niet meer kan herinneren dat ik er ooit ben geweest.'

Wat gebeurt er als jij een maand niets doet, zoals in oktober, als je bewust een maand niet fietst?
'Na een week zonder fiets word ik chagrijnig. Fietsen is toch een verslaving, en als je die niet bevredigt, gaat dat opspelen.'

Als je chagrijnig bent, wat doe je dan?
'Dan ga ik dus fietsen.'

In oktober fiets je niet, dat spreek je met jezelf af...
'Dus dan vertrek ik uit Nederland. Ga ik iets anders doen, zoals dit jaar in Bhutan en Kenia. Ook om die honger naar de fiets weer te krijgen. Na een paar weken heb ik wel weer zin. Lekker weer fietsen.'

Waarom stop je zo resoluut voor een maand?
'Om heel mijn lichaam echt te laten herstellen, alle cellen. Tegen de muur oplopen is helemaal zo verkeerd niet. Als je maar doorgaat met fietsen, kun je fysiek geen vooruitgang boeken en mentaal houdt het ook een keer op.'

Niet fietsen is mentaal zwaar, maar om je mentaal op te laden is het noodzakelijk.
'Ja. Om het langer te kunnen volhouden. Een paar dagen niet fietsen kan iedereen wel. In het begin ben ik bang dat mijn conditie achteruitgaat. Juist doordat je tegen die muur gaat oplopen, betekent het dat je heel veel zin hebt.'

Je zou ook gewoon kunnen doorgaan en je rust in het seizoen nemen.
'Uit studies is gebleken dat 2,5 week rust heel goed is voor je lichaam. Na die tijd gaat de conditie achteruit. Dat is een punt waar de meesten weer gaan beginnen, omdat ze denken: oh, want anders. Maar dat is niet nodig. Of je moet jezelf vier weken lam zuipen, dan moet je echt weer opbouwen, ja.'

Drink jij?
'Ik ben geen liefhebber van alcohol. Als mij hardnekkig een wijntje wordt aangeboden, dan drink ik een wijntje, maar liever niet. Ik vind het niet nodig en niet bijzonder lekker.'

De eerste cross van het jaar...
'Ik krijg na 25 minuten koers ontzettend koppijn. Lucht tekort, verzuring. Ik heb in die periode nog niet op intensiteit getraind, omdat ik bezig ben met de opbouw naar het wegseizoen. Dus bij die eerste cross ga je uit het niets veertig minuten volle bak rijden. Vindt mijn hartlongsysteem niet zo heel grappig. Na 25

minuten koers krijg ik een gigantische inzinking. En dan moet ik nog een kwartier tot de finish. Dat is niet lang, maar het is wel volle bak. Krijg ik een bloedsmaak in mijn mond.'

Lig je weleens op de bank na een wedstrijd of een training, omdat je je ziek voelt?
'Afgelopen twee, drie jaar heb ik dat weleens gehad, ja. Stond ik op het podium, moest ik me echt vasthouden aan de winnares. Bleef ik in elk geval staan.'

Die win je dus niet, de eerste cross?
'Nee. Ik vraag me dus wel af elk jaar: ben ik wel in vorm voor het WK? Want het crossseizoen begin ik als ik nog niet in vorm ben. Vorig jaar was ik twee weken voor het WK pas voor het eerst een keer echt goed.'

Omdat je zoveel doet, komt jouw opbouw heel precies.
'Ja, de opbouw van mijn seizoen is richting de weg. Ik vind dat spanningsveld wel leuk. Ik weet pas in de laatste ronde van het WK of ik goed ben. Ik was op het laatste WK beter dan ik dacht. Ik zat met een ander idee op de fiets dan mijn lichaam aangaf.'

Heb je op de fiets altijd wielerhandschoentjes aan?
'Het is willekeur. Als ik alleen train, dan vaak zonder.'

Waarom?
'Dat is iets raars. Puur om esthetische reden. Anders krijg je van die witte handen. In de wedstrijd rij ik wel altijd met handschoentjes, want zonder vind ik het doodeng, voel me niet op mijn gemak. Ik wil mijn hand niet openrijten, en dat kun je voorkomen door handschoentjes te dragen. Als ik bergop rij, het is echt heel heet en ik weet echt niet meer hoe ik mijn warmte kwijt moet, dan doe ik ze uit. Maar bovenop de top gaan ze weer aan, zodat ik de afdaling met handschoenen kan doen.'

Kijk jij ook naar jezelf in de etalageruit?
'Niet altijd, maar wel vaak. Ik had graag nee gezegd, het is niet iets waar ik trots op ben.'

Waar kijk je naar?
'Naar mijn houding, hoe ik op de fiets zit. Of het er een beetje fatsoenlijk uitziet. Op mijn tijdritfiets doe ik het vaak, automatisch. Heel veel renners doen het.'

Welke ruit is de beste hier in de buurt?
'Ik heb vanochtend nog gekeken, in de Perenboom, een straatje hierachter, in Dussen. Daar zijn een paar huizen die lage ramen hebben.'

Heb je ooit een dier aangereden op de fiets?
'Nee, er is weleens een vogeltje – een musje – door mijn frame gevlogen. Nou dat vloog gewoon verder aan de andere kant. Was wel bijzonder. Kwam ineens door mijn frame heen.'

Een slak, rups of grote kever op de weg, wat doe je dan?
'Ik stuur eromheen. Alleen al om het geluid zal ik het laten over ze heen te rijden.'

Ben je ooit zelf aangereden?
'Ik ben weleens van mijn fiets gebeukt door een paard. In 2007. Ik reed op het fietspad en ik kwam van achteren. Het paard zag ons niet. Mijn ploeggenoot ging er eerst langs en toen kwam ik. Het paard was al niet in z'n hum, want hij liep al een beetje opzij en te steigeren en zo, en ik dacht: ik laat me niet kennen, ik ga d'r gewoon langs, mij kan niets gebeuren. Maar toen kwam het paard toch behoorlijk veel naar links. Zijn heup raakte mij in mijn flank en toen lag ik in de greppel. Dat beest stond naast me. Het was echt een heel groot beest. Toen ben ik hard weggerend met de fiets aan mijn hand. Slaat natuurlijk nergens op, want zo'n paard is veel sneller. Nou ja, alsof dat paard me achterna zou komen…

De ruiter schrok natuurlijk ook, die kwam mijn bidon nog even nabrengen. Op het paard. Ik vind paarden niet zo heel fijn. Paarden op fietspaden, daar heb ik het sindsdien niet op. Als ik de kans heb, ga ik er met een boog omheen en als er geen plek is doordat het fietspad door een bos loopt, dan cross ik door de berm.'

Heb je een bel op je fiets?
'Nee. Ik roep wel eens tingeling, tingeling, als 'pardon' niet aan-

komt. Dat is weleens lastig, want in de meeste gevallen is er sprake van een behoorlijk snelheidsverschil. En ja, als ze het horen, is de schrikreactie nog weleens een slingerbeweging naar links. Je moet er rekening mee houden dat fietsers onverwachte dingen doen, want het is de openbare weg.'

Heb je weleens met je vuist op het dak van een auto geslagen?
'Jawel. Auto's... het gebeurt dat ze je raken, dat hun spiegel jouw arm raakt, je elleboog. Dan wil ik weleens een klap op het dak of op de motorkap geven. Niet slim, want ze trappen op de rem en rijden achteruit op je in. Dat is me weleens overkomen.'

Groet je iedereen die je onderweg tegenkomt?
'Ja. Bijna alle fietsers en lopers. Een knikje geef ik meestal. Onder fietsers hier in de omgeving hoort dat erbij.'

Rij je op de weg met een regenboogtrui aan die je als kampioen van de cross hebt gewonnen?
'Als ik op de weg rij – zoals nu – en ik ben in de opbouw naar de weg bezig, dan niet. Straks, als ik echt ga crossen, dan trek ik de regenboogtrui aan, ook als ik dan op de weg train. Net voor mijn eerste cross doe ik dat. Een bewust moment. Als ik op mijn crossfiets stap, trek ik die trui aan.'

En op de baan, waar je de wereldkampioen scratch bent?
'Op de baan niet. Er zijn op de baan veel meer wereldkampioenen. Alsof ik er dan te trots op ben, die uitstraling wil ik niet hebben.'

'Pas op voor modder' staat hier verderop langs de weg op een verkeersbord. Wat is vervelender: modder op de weg of natte bladeren?
'Het is allebei spekglad, maar met bladeren zie je vaak de weg niet meer, vooral op fietspaden, waardoor je niet kunt inschatten waar de weg ophoudt; dat vind ik vervelend. Hier in West-Brabant heb je dat niet zo vaak, want je hebt hier veel meer polderstukken, stukken waar de blaadjes wegwaaien. Fiets je rond Arnhem, daar slingeren die fietspaden een beetje en dan kun je door de bladeren niet zien waar het pad ophoudt. Van modder op de weg word je smerig. Maar boeren moeten ook hun werk doen. En er zijn toch wasmachines en douches?'

Wat heb je altijd mee op reis?
'Mijn bikini. Van oudsher. Stom hè? Ik was zestien en we gingen met de nationale selectie naar Spanje en ik dacht: we gaan naar Spanje, dus ik neem mijn bikini mee. En op de laatste dag gingen we inderdaad zwemmen, het was bloedheet. Sindsdien is hij altijd mee. In de dagen voorafgaand aan een WK bijvoorbeeld. Je zit zo lang in hotels, dan zou het zo maar kunnen dat je een keer een duik neemt. Dus je kunt die bikini maar beter mee hebben, en veel ruimte neemt het ook niet in beslag. Verder heb ik altijd boeken bij me. Thuis lees ik bijna nooit, maar onderweg bijna altijd. Literaire thrillers.'

Is dat jouw favoriete genre?
'Als ik onderweg ben wel. Romans is ook wel prima, maar een thriller is vaak spannend – dat is de essentie natuurlijk – en dat leest makkelijk. Het moet niet te moeilijk zijn, niet dat je het boek oppakt en denkt: waar waren we ook alweer, hoe zat het nou precies? Een thriller leidt even lekker af, van de wedstrijdspanning of van de sleur.'

Neem je ze mee terug als je ze uit hebt of geef je ze weg?
'Ik ben lid bij de bibliotheek van Wijk en Aalburg. Dat hebben ploeggenootjes ook overgenomen, boeken lenen bij de bieb. Je leest ze, maar om nou een thriller in je kast te zetten als je hem uit hebt... Een thriller doet niet veel in je kast. Sommige boeken zijn mooi om op de plank te hebben staan, maar van een literaire thriller in de kast word ik niet heel blij.'

Voor het WK ga je naar de bieb?
'Ik mag er een stuk of zes meenemen.'

En als je ze terugbrengt – doe je dat op de fiets, tijdens de training?
'Komt wel voor. Stap ook in mijn tenue het wijkbureau binnen of de apotheek, vind ik wel grappig.'

Zet je de fiets even in de hal?
'In de bieb niet, want dat mag niet, dus dan ga ik na een training nog even op en neer op de gewone fiets. Zeven kilometer verderop.'

Je hebt een camper voor de koers. Is die er altijd bij?
'Ja, die camper is de hele zomer mee geweest. 's Winters is hij echt voor mij, voor de cross, en zomers is hij met de ploeg mee. Dan drinken we daar koffie. Echt ideaal voor de voorbespreking. Het is sowieso fijn reizen, je kunt een keer stilstaan, je hebt een koelkast bij de hand, je kunt gaan liggen als je wilt.'

Rij jij?
'Mijn vader eigenlijk altijd.'

Slaap je daar ook in of alleen hij?
'Alleen hij. Ik slaap in het hotel en hij staat op de parkeerplaats. Gaan we 's avonds nog even een bakkie bij hem doen, televisie kijken, en de begeleiding neemt nog even vloeibare vitamine B in – een biertje. Ik vind het fijn om die camper te hebben. Ook om je lekker te kunnen omkleden voor een race. Je kunt ook nog even naar toilet vlak voor de start. Als we de camper niet mee hebben, missen we 'm echt. Bij het WK staan nog van dixie-toiletten bij de startlijn, maar meestal is het niet zo goed geregeld. Dan wil je niet weten waar al die rensters gaan zitten. Je moet het ergens laten natuurlijk, en er is niet altijd een cafeetje, dus dan zit iedereen tussen auto's of achter muurtjes. Bij mannen is het iets meer geaccepteerd dat ze bij een muurtje gaan staan. Bij vrouwen is het toch raar als ze op hun hurken tussen auto's hangen. Dus dan is het fijn als de camper er is.'

Vrouwen hebben over het algemeen de neiging veel te kletsen. Als ik het goed heb, gebruiken vrouwen per dag drie keer zoveel woorden als mannen. Hoe is dat in het vrouwenpeloton?
'Ik weet niet hoe het is bij de mannen, maar het ligt aan het moment van de koers. In de finale zwijgt iedereen. Als het er nog niet om gaat, wordt er behoorlijk wat afgekletst. Ik vind het leuk om achterin een beetje te gaan zitten bijbuurten. Vooraan kan dat niet, daar vecht iedereen voor zijn plek.'

Heb je een vriendin in het peloton?
'Mwah, echt goede vriendinnen? Ik kan wel heel goed overweg met Marieke van Wanroy, zij heeft zes jaar in mijn ploeg gezeten. Heb ik ook mee op kamers gewoond. Ik kan ook goed overweg met Annemiek van Vleuten. Ouwehoeren in de koers doe je meestal met een ander, want met de ploeg ben je altijd al op reis. Dan is het vaak

ook een voorwaarde dat ze Engels kunnen en dus vallen er al een paar af.'

Ben je in trainingen het liefst alleen of juist met een groep?
'Die afwisseling vind ik fijn. Thuis vind ik het fijn alleen te trainen, want dan kan ik zelf bepalen hoe laat, hoe lang en hoe hard, en welke oefeningen ik doe. Je hebt dan niets aan je kop.'

Bedenk je de trainingen tijdens het rijden of kijk je in een schema en weet je wat je de volgende dagen moet doen?
'Ik heb een globale opbouw. Het kan er wel van afhangen: hoe ik me voel, hoe het weer is.'

Heb je een kilometerteller?
'Iets vaker doe ik het met SRM. Als ik eenmaal iets heb besloten, moet het eigenlijk iets meer zijn dan ik aanvankelijk met mezelf heb afgesproken. Een training inkorten doe ik nooit. Heb ik een rondje in mijn hoofd en rij ik zomaar wat – vaste rondjes heb ik niet – dan denk ik: dat zou tweeënhalf à drie uur moeten zijn, en meestal is het dan langer. Mijn inschatting van kilometers klopt wel – ik weet wel hoe ver het is naar Den Bosch, Eindhoven, naar Breda of Gorinchem. Ik probeer met wind mee terug te komen. Hier kan het niet altijd, want je zit hier tussen die rivieren en dus is het niet altijd handig, met al die pontjes.'

Weet jij hoeveel kilometer je per jaar rijdt?
'Geen idee.'

Hoeveel uur denk je dat je in je leven op een fiets hebt gezeten?
'Geen flauw idee.'

Zou je het willen weten?
'Neuh, vind het geen nuttige kennis. Ik ben ook niet trots op de hoeveelheid kilometers die ik heb getraind. Het is de voorbereiding richting wedstrijd.'

Heb je een logboek?
'Dat wel. Ik zou het dus kunnen optellen. Ik tel eerder de uren. Neem aan dat je gemiddeld dertig per uur rijdt, dan zou je er redelijk uit kunnen komen. Maar ik heb geen zin het op te tellen.'

Heb je een schrift of tik je het in een computerbestand?
'Ik heb een klein agendaatje.'

Wat schrijf je op?
'Hoeveel uur ik heb gefietst, wat het idee van de training was en of het goed of slecht ging. Kort staat het er, want ik ben slecht in het bijhouden van een dagboek.'

Kom je weleens ergens uit waarvan je van tevoren nooit had gedacht daar te zullen geraken?
'Nee, het overkomt me wel dat ik dus langer onderweg ben. Dan bedoel ik een uur of negentig minuten langer dan gepland. Moet ik nu mee uitkijken, het is me wel al overkomen dat ik in het donker moest rijden, dat de zon iets sneller weg was dan ik had gedacht.'

Altijd genoeg eten bij je?
'Nee, ook dat overkomt me nogal regelmatig in deze weken – november tot en met februari. Dan is het koud en dan heb ik die basis nog niet. Dus dan maak ik veel uren. Vorig jaar is het me nog een keer overkomen. Toen stond ik in Lage Zwaluwe met een hongerklop, niet grappig. Toch nog dertig kilometer terug. Toen ging ik toch wel een beetje slingerend naar huis.'

Geen geld bij je?
'Daar is gewoon niets – van de Moerdijkbrug naar huis. Het is daarnaast ook mijn eigen fout en dan vind ik dat ik thuis moet komen zonder iets te kopen. Of ik moet écht van mijn fiets vallen.'

Wat heb je verder bij je?
'Middelste zakje: pompje, bandje, bandenlichters. Links telefoon met in het hoesje een briefje van tien, koekje of een reepje en rechts een jackie. En mijn rijbewijs, identificatiebewijs, dat is verplicht, als burger moet je altijd jezelf kunnen identificeren. Op de crossfiets zit weleens een zadeltasje, omdat ik dan een bidon achter in mijn trui steek, want op een crossfiets zit geen bidonhouder.'

Geen muziek?
'Bij lange duurtrainingen neem ik mijn iPod mee.'

Wat staat erop?
'400 à 450 nummers staan erop. Pop, rock, Nederlandstalig. Geen Frans Bauer of André Hazes, wel Bløf en Acda & De Munnik, Guus Meeuwis. Jan Smit zit voor mij net op het randje. Ik houd niet van R&B, hiphop, trance of klassiek. Verder Queen, Madonna, Michael Jackson, Red Hot Chili Peppers, Foo Fighters, 3 Doors Down, Anouk. En dan staat hij op shuffle.'

Van welke nummers ga je harder fietsen?
'Op een paar nummers van de Black Eyed Peas.'

De iPod de hele training aan of af en toe?
'Bij een lange duurtraining zet ik hem meteen aan. Maar als ik blokken doe, dan liever niet, dan vind ik muziek een beetje afleiden. En als ik in- of uit- ga rijden, dan ook niet. Dan heb ik wel genoeg aan de vogels.'

Zing je weleens in jezelf op de fiets?
'Ja, wel hardop, ook met iPod.'

Check je hoe je klinkt door een dopje uit je oor te halen om te voorkomen dat je zo vals als een kraai zingt?
'Ik hoef dat niet te checken, want ik weet dat ik zo vals zing als een kraai. Ik probeer ervoor te zorgen dat er niemand in de buurt is als ik zing, want ik schaam me ontzettend als blijkt dat er ergens in de buurt toch iemand anders fietst of dat ik iemand heb gemist die zijn tuintje staat te schoffelen. Ik zing in de wedstrijden ook vaak. Ben ik opgestaan met een deuntje in mijn kop. Ik zing ook weleens als ik in een afdaling zit en adem overheb.'

Beweeg je ook mee met het ritme?
'Nou? Ja, toch ook wel een beetje. Ik beweeg mee met mijn hoofd. Dat wil overigens nog wel eens storend zijn in het peloton. Kan me voorstellen dat ze het vervelend vinden als ik zit te zingen.'

Wat is het meest zinloze dat je hebt gedaan in training, iets waarvan je nu denkt: dat ik ooit heb geloofd dat zoiets goed voor me zou zijn?
'Ik heb vast wel een heleboel zinloze dingen gedaan, maar... het meest zinloze? Iets ontzettend zinloos? Ik heb weleens – in 2007 – heel zinloos heel erg lang getraind, een keer 250 kilometer. Ik

geloof niet dat ik daar heel veel beter van ben geworden. Soms is het goed om een prikkel te geven – jezelf te overprikkelen, zodat je lichaam niet denkt: mawaaah, peanuts, 140 kilometer. Maar ja, die 250 kilometer slaat dan ook gelijk weer nergens op. Maar het was leuk, hoewel ik er niet beter van ben geworden.'

En met voeding?
'Grappig. Bij vrouwen merk ik vaak dat ze vragen als iemand met een idee komt: waarom? Wat is het effect? Liters bietensap, dat is nu hot. Dan vragen vrouwen: waarom? Is dat wetenschappelijk bewezen? Kan dat ook anders? Ik drink geen bietensap, ik geloof er niet zo in. Mannen doen het gewoon als een oud-renner ze dat zegt, of iemand uit de begeleiding. Mannen hebben de neiging om dat klakkeloos aan te nemen.'

Is er iets wat jij doet waarvan niemand afweet?
'Ik doe geen rare of geheime dingen.'

Hoe bereik je topvorm?
'Volgens de logische trainingswetten leg je een conditionele basis door veel uren te maken en als die basis een beetje oké is, schroef je de intensiteit op om het af te sluiten met een zware, intensieve training, zo'n beetje op acht dagen voor een belangrijke wedstrijd. Daarna herstellen, een duurtraining doen en jezelf vervolgens nog één intensieve prikkel geven. Vanaf dan rust. Dat is de opbouw naar topvorm voor mij.'

Klinkt eenvoudig.
'Is het ook voor mij.'

Hoe vaak klopt het?
'Wel vaak. Maar neem de Giro bijvoorbeeld, dat was geen piekmoment. Ik had mazzel dat ik het nog volhield, die vorm. Ik heb meer gepiekt naar het NK. Een week later begonnen we aan de Giro. Ik hield die vorm vast, en dat kan, volgens de boekjes.'

Voelt topvorm lekker?
'Ja. Als je de topvorm na die zoektocht vindt, dan kun je daar moeilijk depressief van raken. Je hebt juist het gevoel dat je de wereld aankan. Je staat aan de start en denkt: ja, ik ga het van-

daag eens even maken. Als je niet lekker in je vel zit, zul je ook niet zomaar in topvorm raken.'

Maakt dat van topsporters asociale mensen?
'Voor ons is topvorm het allerbelangrijkste, terwijl het eigenlijk helemaal niet belangrijk is natuurlijk. Maar om tot een goede prestatie te komen, moet je het wel belangrijk vinden en het zou ook raar zijn als je het gaat relativeren. Je sluit jezelf af, omdat het anders afleidt. Maar als je ouders in scheiding liggen, is het niet voor iedereen logisch dat je dat zomaar langs je heen kunt laten gaan.'

Zit het in jou om asociaal zijn?
'In mijn omgeving zijn er genoeg die dat weten. Voor een kampioenschap kun je me sms'en, maar grote kans dat ik niets laat terughoren. Meestal denk ik: komt daarna wel. De meeste mensen in mijn naaste omgeving weten dat wel. Zo niet, dan wil ik het proberen, maar het houdt wel een keer op, qua sociale contacten, als zij het niet begrijpen.'

Is het weleens gebeurd dat jij iemand belt en dat je denkt: die neemt niet meer op omdat ik hem of haar heb laten zitten toen ik het zo druk had met mijn sport?
'Ja.'

Zijn er vriendschappen kapotgegaan door het wielrennen?
'Met mijn beste vriendin, die in oktober mee was naar Kenia, heb ik weleens problemen gehad. In 2009 kon het zijn dat ik wekenlang niets van me liet horen. Zij begreep het wel, maar ze wilde het wel tot me door laten dringen. Sta eens stil bij hoe jij overkomt, zei ze, en hoe makkelijk het is om eventjes wel wat te laten horen.'

Kun jij zonder agressie op de fiets?
'Die agressie uit zich op de fiets niet zo als agressie, dan is het een wil om te winnen. Die agressie uit zich pas als ik niet win, dan is het agressie. En die agressie probeer ik nog te onderdrukken, want anders staat het een beetje raar, vind ik ook niet kunnen. Maar kan ik zonder? Het is de pure wil om te winnen en een pesthekel hebben aan verliezen. Kan ik daar zonder? Nee. Dat is

de drijfveer. Ik wil niet verliezen, wat ik ook doe.

Ik kan nog wel onderscheid maken in belangrijkheid. Moet ik het mezelf wel goed inprenten. Als ik een spelletje ga doen, zeg ik tegen mezelf: het is niet belangrijk dat je wint. Echt even voor mezelf vooraf duidelijk maken. Anders is het niet gezellig om met mij een spelletje te doen. Ik ben al geen liefhebber van spelletjes, maar als ik dan ook nog niet win, dan wordt het er niet gezelliger op. Zeg ik tegen mezelf: dit is een gezelligheidsspelletje, gaan we gewoon doen, maakt niet uit als je verliest. En dan probeer ik toch te winnen. Maar dan is het minder erg als ik toch verlies. Dat kan ik mezelf dan wel wijsmaken.'

Als jij een Russische wielrenster was geweest of een Belgische, had jij Marianne Vos dan een leuke renster gevonden?
'Dat is echt een heel goede vraag. Ik vraag me ook weleens af wat anderen van mij denken. Ik denk dat ik me bloedirritant zou vinden, omdat ik overal en altijd maar win. Dat ik het niet leuk zou vinden dat het lijkt alsof het allemaal maar vanzelf gaat. Daar zou ik me aan ergeren. Maar ik hoop dat mensen zich niet ergeren aan mij als persoon, aan mijn karakter. Dat hoop ik heel erg. Het lijkt me logisch dat ze denken: tjonge jonge, daar heb je haar weer, wint ze weer. Heb ik met andere sporten ook: da's ook saai. Maar ik hoop dat ze me een aardige vrouw vinden.'

Is dat zo, denk je?
'Volgens mij wel. Ik heb uit het peloton nooit een wanklank gehoord en dat vind ik wel heel fijn. Dat is voor mij het belangrijkste. Ook wel buiten het peloton, je trekt je er altijd wat van aan, maar wat mijn directe concurrenten vinden, dat vind ik wel het zwaarst wegen.'

Zit dat elkaar wel eens dwars?
'Wel de mening van mensen die mij niet kennen. Dan moet ik mezelf wel toespreken en zeggen: hallo, daar ga jij je niet druk om maken. Ik kan het niet iedereen naar de zin maken. Ik vind het wel serieus belangrijk wat andere rensters van mij vinden, als het genuanceerde kritiek is die ergens op slaat. Zodat ik mijn houding kan veranderen, zodat het beter wordt.'

Heb je last van handtekeningenjagers die zich voor de camper ophouden?
'Last, dat niet. Maar het gebeurt wel veel, ja. Er zijn wel wedstrijden waar ik denk: dat zijn er wel behoorlijk wat. Maar dat staat niet in verhouding tot Alberto Contador of Lance Armstrong natuurlijk. Ze komen wel voor de sport of voor mij, dus hoe ga ik daarmee om? Ik probeer positief te reageren, of die handtekening te zetten of een praatje met ze te maken. Het liefst willen ze een kwartier met mij kletsen en dat kan niet. Maar ja, het zijn wel supporters die voor mij komen. Het komt weleens voor dat ze iets – een cadeautje – voor mij hebben meegebracht, maar daar heb ik niet altijd genoeg tijd voor. Dan pak je het aan je zegt: bedankt, sorry, dag.

Mensen verwachten wel dat je brieven terugstuurt – dat kan soms wel –, maar niet als je wekelijks van dezelfde persoon brieven krijgt. Dat houdt een keer op. Ik heb wel een aantal van die vaste fans die kennissen zijn geworden. Dat is gezellig om mee te kletsen, maar er zijn ook mensen die dingen blijven sturen en die blijven vragen. Je zou ze stalkers kunnen noemen, heb ik er best een aantal van. Vind ik lastig soms, want je weet dat die mensen weinig anders hebben in hun leven. En dus is jouw sport hun leven. Dat vind ik best moeilijk.'

Reageer je dan af en toe?
'Ja. Eén keer op vijf of op tien brieven.'

Daar neem je de tijd voor?
'Ja, af en toe eens een uurtje of zo.'

Nog even terug naar die topvorm. Als je in topvorm bent, is er dan ook de angst dat het kan verdwijnen?
'Niet elke minuut van de dag. Het hele seizoen heb ik gedacht: ik ben nu zo goed in vorm, hoe lang gaat het aanhouden? Maar ik heb nooit echt het idee gehad: ik heb nu zo'n piek, daar ga ik straks gigantisch van inzakken.'

Heb je enig idee hoeveel wedstrijden je tot dusver in je loopbaan hebt gewonnen?
'Nee.'

Niet belangrijk?
'Nee. Het zijn er wel veel. Ik vind het mooi dat er vaak een 1 achter mijn naam staat. De hoeveelheid zegt weinig. Het gaat mij om kwaliteit. Ik hoef niet zo nodig heel veel rondjes om de kerk te winnen.'

Waar bewaar jij de prijzen?
'In een verwarmd schuurtje. Staat helemaal vol en het wordt steeds voller. Staan ook mijn fietsen. Er staan prijzen op planken, op kasten en er hangt wat aan de muur. De prijzen tot veertien jaar zitten in bananendozen en chipsdozen. Van die bekers zijn er wel een paar goed verroest geraakt.'

Heb jij je allereerste prijs nog?
'Ja. Het is een klein bekertje, van de wielerronde van Geffen. Mijn eerste dikkebandenrace. Ik was net zeven. Ik reed weg. Ik zat met twee jongens – Rik en Patrick – in een kopgroepje.'

Hoeveel fietsen heb je?
'Drie crossfietsen, twee baanfietsen, twee tijdritfietsen, twee wegfietsen en een mountainbike. Dat is tien. Mis ik nog wat? Een gewone fiets, die hybride die daar buiten staat.'

Wat was je eerste fiets?
'Een roze fietsje, met witte bandjes, waar eerst nog zijwieltjes aan vastzaten. Dat was geen racefietsje trouwens, die eerste racefiets heb ik nog, een donkergroene met geel fluorescerend stuurlint met zwarte stippen. Volgens mij een Brunotti.'

Kon jij eerder fietsen dan anderen?
'Ik kon wel al vrij vroeg fietsen, ja. Ik kreeg dat fietsje en al snel zei ik: die zijwieltjes mogen er wel af. Ik kan me niet herinneren dat ik dacht: ik ben er eerder dan vriendjes of vriendinnetjes. En wij woonden best wel een eindje van school, dus ik was al vroeg kilometertjes aan het maken.'

Hoever was het naar de basisschool?
'Tweeënhalve kilometer. Heen en dan weer terug. Voor naar de basisschool is dat best een eind.'

Het is niet voor niets dat je dus goed bent?
'Ook naar de middelbare school. Dat was op en neer 28 kilometer. Dat was geen trainen, maar ik zat wel op de fiets. Hanka Kupfernagel heeft me weleens uitgelachen toen ze hoorde hoeveel ik trainde. Logisch, zij zat 25 uur per week op de fiets om te trainen en daar kwam ik aan met een uurtje of acht. Maar ja, ik ging toen nog wel op en neer naar school en die uren telde ik er niet bij.'

Wat vind je het mooiste onderdeel van een fiets?
'Een mooi frame, daar kan ik wel van genieten.'

Hoe ziet dat frame eruit?
'Ik hou van eenvoud. Niet te pompeus, niet te ronde vormen of heel dikke buizen.'

Wat is de mooiste fiets die je hebt gezien?
'Time, een Frans merk. Heel lang geleden, een van de eerste die een geïntegreerde zitbuis hadden. Slanke, ranke buisjes en de zitbuis liep door in de zadelpen. Zwart-wit met een klein beetje rood.'

Wat rijdt het lekkerst: je baanfiets, crossfiets of racefiets?
'Moeilijk te zeggen. Ik denk toch de baanfiets, dat is echt een hele lekkere houding. Daar zit ik niet graag heel lang op, want het hout van de baan tetst en je kunt je benen niet stilhouden. Je zit vrij diep – net als op de weg.'

Is crossen het moeilijkst?
'Niet van nature. Dat pik ik redelijk snel op.'

De baan moeilijk?
'Ja.'

Is het daardoor het leukst?
'Omdat het een uitdaging is? Nee. Toen ik het eind 2007 ging doen, was die uitdaging wel heel leuk, om iets nieuws te proberen. Zou ik het kunnen? Ben ik er goed in? Kan ik het? Maar niet leuker alleen omdat het nieuw was.'

Je staat vaak op het podium na een wedstrijd...
'Gebeurt wel eens, ja.'

...en ik kan me voorstellen dat je het irritant vindt dat je door oude mannen gefeliciteerd wordt en dus door hen ook wordt gekust.
'Ja. Dat is wel raar. Het valt op dat wij bijna nooit een leuke kerel op het podium hebben. De mannen hebben jonge rondemissen en wij vrouwen hebben of een rondemiss of een man op leeftijd. En dan wil het ook nog wel gebeuren dat als wij om een uurtje of vijf finishen, zij al tijdens de wedstrijd alcohol hebben gedronken en een sigaretje hebben gerookt, net voor de huldiging. Dan ruiken ze meestal niet erg fris. Maar ja, eigenlijk stoor ik me er niet zo aan. Ik sta niet op dat podium omdat er een ontzettend lekker ding staat.'

Het zou het voor jullie wel leuker maken, toch?
'Dat wel. Maar daarom rij ik die wedstrijd niet. Er zijn wel verhalen van mannen die een extra trapje deden omdat er een hele leuke rondemiss was, maar bij de vrouwen heb ik dat nog nooit gehoord.'

Zou het werken?
'Ik zou er niet harder van fietsen.'

Waar gaan de bloemen naartoe?
'De eerste bos naar mijn moeder. En mocht er nog eentje komen – als je in een etappekoers bijvoorbeeld ook een andere trui hebt veroverd – dan wordt hij in de ploeg verdeeld. Tijdens de Giro gaf ik de bos vaak weg, aan het publiek of ik bracht hem mee terug voor de mensen in het hotel.'

Is je moeder er nog steeds blij mee?
'Jawel, maar ik word er zelf niet meer lyrisch van. Ik heb van jongs af veel gewonnen. Dus ik denk dat ik wat bloemen betreft een wat ander idee heb dan een gemiddelde vrouw. Ik kwam wekelijks thuis met een bosje en dan is het niet meer zo speciaal.'

Jij hebt nooit zelf bloemen gekocht?
'Nee, nog nooit. Voor een ander misschien, maar niet voor mijzelf of voor mijn moeder.'

Van welk sportvoedsel walg je?
'Ik hou helemaal niet van gelletjes. Ik neem er altijd eentje mee

voor de hongerklop die hopelijk nooit komt, of glucosedip, voor in de finale, maar die eet ik nooit. Dat gelletje reist dus altijd met mij mee en eigenlijk is dat ding niet meer eetbaar. Ik eet liever iets vasts. Ik drink bijna nooit water onderweg. Fijner om dorstlesser te drinken – om ook suikers en zouten binnen te krijgen en als het even kan, neem ik een reep of een koekje. Als het maar gewoon fatsoenlijk eten is in plaats van een of andere suikerbom.'

Is anorexia een probleem in het vrouwenpeloton?
'Er zijn er wel veel die doorslaan in hun eetpatroon. Ik ben er niet erg op gefixeerd, want dan wordt het gevaarlijk. Gaat het plezier weg en kun je ergens in doorslaan. Ik ben me er redelijk van bewust. Ik kan me wel voorstellen dat het een gevaar is, want als topsporter ben je vaak perfectionistisch. Als je afvalt, ga je ervoor en als het blijkt te werken – afvallen en beter presteren – dan ligt doorslaan op de loer.'

Goed voor jou dat je in 2011 zoveel hebt gewonnen, want als je minder had gewonnen, was je nog meer gaan afvallen dan voor het seizoen.
'Nou, juist niet. Doordat ik veel heb gewonnen zou je kunnen denken: ik word nóg beter als er nog meer vanaf gaat. Dat is het gevaar van anorexia. In het peloton is het een onderwerp.'

Spreken jullie daarover of gluren jullie naar elkaar?
'Kijken.'

Doen ze ook bij jou?
'Zal best wel, ja. Als je met meerdere ploegen in hetzelfde hotel zit en je loopt met je bord naar het buffet, dan wordt alles op jouw bord wel bekeken.'

Stop je tijdens een training voor rood stoplicht?
'Ligt aan de situatie. Als er geen auto's in de buurt zijn, rij ik wel vaak door rood. Maar bij een druk kruispunt stop ik altijd. Ik vraag me altijd af: jaag ik iemand de stuipen op het lijf als ik door rood rij? Ja? Dan stop ik. Maar ja, het is soms wel een hinderlijke onderbreking van de training, een rood stoplicht.'

Mannen die hun beenharen scheren?
'Ik vind het voor wielrenners veel mooier. Ik vind het dus niet

raar. Ben er wel mee opgegroeid: wielrenners hebben gladde benen. Ik vind het raar staan als er shag op de poten onder de koersbroek uitkomt. Het is mooier zonder haar.'

Kun jij aan je benen voelen of je goed bent?
'Ik voel dat ze nu anders zijn dan vijf weken geleden, na het WK.'

Slapper?
'Nee, ik heb veel gelopen, waardoor de peesaanhechtingen veel peziger voelen, maar de spiermassa is wel afgenomen.'

Voel je dat aan je benen of aan hoe strak je broek zit?
'Aan mijn benen voel ik dat. Ik kan met mijn hand niet voelen of ik goede benen heb. Behalve als ik pijn heb, dat ze slecht zijn.'

Bezoek jij vaak een arts?
'Ik kom er niet vaak, twee keer per jaar voor een inspanningstest. Zo'n VO2max-test.'

Heb je goede resultaten van die tests?
'Helemaal niet.'

Ik heb ooit gelezen dat ze bij de Engelse nationale baanselectie de test zagen van Mark Cavendish en dat ze hem als ze waren afgegaan op die tests, nooit zouden hebben geselecteerd. Pas toen iemand zei: 'Ja, maar hij wint veel', hebben ze hem geselecteerd. Is dat bij jou ook zo?
'Dat niet. Ik denk dat mijn tests wel bij de betere ter wereld horen, maar niet dat je zou zeggen: dat is nu een wielrenster. Als jongere renster ging het om explosiviteit. Ik kon heel lang met een hele hoge hartslag rijden. Dat zag je wel in zo'n test, maar ik kon geen power leveren of die hoge vermogens draaien. Die inspanningstests waren niet bijzonder, terwijl ik als jonge renster wel goed mee kon komen met de internationale top. Nu heb ik wel meer power en meer inhoud en daar worden die testen ook beter van.'

Kun je net zo hard fietsen tijdens zo'n test als tijdens een koers?
'Ik probeer het wel en ik kom ook kapot van die fiets, maar toch. Het zit in mijn hoofd, die test doe je alleen maar om een getalletje op een papiertje te krijgen en niet om als eerste over de finish te

komen. In de koers is er een meet, terwijl je voor zo'n test weet dat je af gaat zien; je moet maximaal gaan en het houdt niet op, totdat jij stopt. Tot jij denkt dat je niet meer kunt. Maar waar ligt dat punt? Dat is geen punt. Dat is een bepaalde pijn die je niet meer aankunt. Je kunt jezelf niet van de fiets trappen. Ik heb het mezelf weleens afgevraagd. Kun je jezelf kapot rijden? Hoever kun je gaan? Hoe zwaar kun je afzien? Kun je jezelf echt zoveel pijn doen dat je van de fiets valt van de pijn? Dat is mij nog nooit gebeurd. Kun je jezelf in coma fietsen? Volgens mij niet. Of bewusteloos? Die pijn wordt heviger, maar waar is het punt?

Ergens houdt de energietoevoer op en je produceert dusdanig veel melkzuur. Sommigen kunnen hele hoge waardes aan, maar hoe hoog? Bij twintig millimol is het gewoon niet meer leuk, dan is het echt heel pijnlijk. In rust is het één, bij tien is het al niet heel fijn en twintig doet echt heel veel pijn – je benen branden. Maar het zou ook 25 kunnen worden: de spier en de cel kunnen het aan. Alleen: ik kan het mentaal niet aan. Het is een martelende pijn. Het is duidelijk dat je jezelf heel veel pijn kunt doen.'

Wanneer het meest?
'In een tijdrit. Dan kom ik echt total loss over de streep, zo erg dat ik echt geen trap meer kan doen. Vijf minuten later fiets ik naar het hotel. En dan denk ik: had ik nou niet harder gekund daarnet?'

Auteursbiografieën

Nando Boers. Wordt op Thialf regelmatig aangezien voor de ijsmeester, zo vaak is hij er. Schrijft in de winter *NUsport* (voorheen *Sportweek*) vol met verhalen over schaatsen, in afwachting van de invallende dooi en het nieuwe voorjaar. Actief met geheim project, codewoorden: liedjes, wielrennen, Sint Willebrord, JW Roy en Artsen zonder Grenzen. Speelt zelf ook gitaar, maar vooral hard.

Ruurd Edens. Als je 's avonds in bed naar *Met het Oog op Morgen* luistert, is de kans groot dat aan de andere kant Ruurd Edens de uitzending in goede banen voor je leidt. Baken van rust en kalmte in de hectiek van een nachtelijke Hilversumse studio. Was qua buitenland vroeger vooral gericht op Colombia, maar rekent nu gans de wereld tot zijn jachtgebied. Mits er wordt gewielrend. En dat is tegenwoordig bijna overal.

Wiep Idzenga. Verbleef recentelijk zes weken op Jamaica, voor onderzoek voor zijn *Hard Gras*-special over Bob Marley en het voetbal. Het leven van de freelance sportschrijver gaat niet altijd over rozen. *No woman no cry.* Perfectionist. Bemoeide zich vanuit Kingston nog intensief met de fotokeuze voor deze *Muur*. Nooit tevreden: hij weet dat er altijd schitterende details bestaan die zijn verhalen nóg mooier zouden maken; maar vindt ze maar eens.

Thijs Kuipers. Amateurwielrenner. Locomotief van het team van de Universiteit Utrecht dat dit jaar de ploegentijdrit won tijdens het GNSK (Groot Nederlands Studenten Kampioenschap). Lid van Utrechtse studentenwielerclub de Domrenners. Bijna afgestudeerd historicus. Bladerde voor zijn scriptieonderzoek door leggers van *De Expres* en las daar iets over een koers tussen Batavia en Bandoeng. Wilde het liefst meteen nieuwe scriptie schrijven. Besloot tot stuk voor *De Muur*.

Marcel van Roosmalen. Verwierf roem met de in *Hard Gras* vastgelegde avonturen rond zijn voetbalclub Vitesse. Maar kan veel meer. Zijn laatste boek heeft niet alleen de beste boektitel van 2011 (*Het is nooit leuk als je tegen een boom rijdt*), maar laat tevens mooi zien waartoe Van Roosmalen allemaal in staat is als hij op geheel eigen wijze naar de wereld kijkt. En dan heb je hem zijn repo's nog niet horen voorlezen.

Marcel Rözer. Voormalige, Rensenbrink-achtige linksbuiten van zaterdaghoofdklasser Bennekom. Werkt in de stille afzondering van een rivierpolder aan een boek over de oorlogsgeschiedenis van zijn familie. Geen gemakkelijke klus. Na de biografie van Hiddink, die van Winston Bogarde, zijn boek over Beckenbauer en Cruijff én de dikke pil over het wereldkampioenschap voetbal in Argentinië een heel ander boek. Onderbrak het zware werk voor een wielerverhaal.

Mart Smeets. Moet de laatste tijd vaker dan hem lief is uitleggen wat het betekent 65 te zijn. Voor hem betekent het namelijk gewoon doorgaan. Krijgt het komende zomer weer drukker dan ooit, met de Tour de France én de Olympische Spelen. En zou het liefst met een paar andere krasse zestigplussers gewoon met een sportzender beginnen. Laat het sublieme tijdschrift *Port* zien en zegt: 'Dat zou ik ook graag willen maken.'

Jan Sonneveld. Speechschrijver bij het Ministerie van 130 km/u. Liefhebber van Auster, Borges, Endo en Mortier. Luistert naar Blaudzun en Waits, onder anderen. Schrijft momenteel aan eerste roman. Stopte ooit, om te schuilen voor een lullig buitje, tijdens het beklimmen van de Joux-Plane. Eeuwig spijt. Hoewel nog geen dertig toch al een ongeneeslijke romanticus.

Willie Verhegghe. Komende zomer tien jaar lang hofdichter van *De Muur*. Bereikt dan tevens de gezegende leeftijd van 65: tijd voor een verzamelbundel met zijn beste wielerwerk. Kruipt nog vaak op een van zijn racefietsen, om de Vlaamse betonwegen en valse klimmetjes te laten zien dat de jaren hem niet milder hebben gemaakt – qua verzet dan toch. Zal ook weer afreizen naar de Alpen. Weet nu al dat 1 april een feestdag én een rouwdag zal worden: waar is de Muur?